Ernst Reiling

Es ist nie ganz still

Inhaltsverzeichnis Seite 136
Quellenverzeichnis Seite 138

Es ist nie ganz still

Herausgegeben von
Ernst Reiling

Postfach 43
4402 Greven 2

Druck: Druckhaus Cramer, Greven

ISBN 3-924005-04-4

Leben einzeln und
frei wie ein Baum
und
brüderlich
wie ein Wald
das ist unsere
Sehnsucht

Nazim Hirmet

Die Liebe ist das Kind der Freiheit

Französisches Sprichwort

Liebe ist das einzige, was wächst,
wenn wir es verschwenden.
Ricarda Huch

Die Welt ist nicht heil,
aber sie ist heilbar.
Victor E. Frankl

Der Wiener Psychotherapeut, Jude,
überlebte das Konzentrationslager in Auschwitz.

Statt eines Vorwortes

Bild: Brigitte Alt

Das Lachen ist der erste Ausdruck
des Denkens.

P. O. Chotjewitz

Gott
ist
tot
Gott
ist
tot
Gott
ist

Franz Alt

Die Tränen der Stille

Gott ist überall, aber wir hören ihn nur in der Stille. Nur in der Stille werden wir frei für das Tiefenerlebnis mit Gott – ebenso wie in der Trauer. Aber zur Trauer sind wir ja in dieser oberflächlichen Zeit noch weniger fähig als zur Stille. In der Stille werden wir frei vom Ich und fähig zum Selbst, fähig zur Selbsterkenntnis. In der Stille spüren wir, wer wir sind, und ahnen, wer wir sein könnten – wir fühlen etwas von unserer Bestimmung. In der Stille werden wir sehend und hörend, weil wir keine Begriffsbrille und keine Lautverstärker mehr brauchen. Nur in der Stille verlieren der Intellekt und die Eitelkeit, unsere Ausreden und unsere Selbstbeweihräucherung ihre Herrschaft über uns. Die Stille ist die Erde, in der die Liebe wächst. Alles Leben kommt vom Lieben. Nur in der Stille kommen die Tränen der Ehrlichkeit, der Reue und der Trauer. Ohne Tränen über uns selbst werden wir nie gereinigt. Das ist eine existentielle Erfahrung. Erst wenn wir uns die Augen wischen, können wir die alltägliche Augenwischerei erkennen. Unser schreckliches Moralisieren, das heißt, unsere Unkenntnis über uns selbst und unser Verurteilen des anderen, hat hier seine tiefste Wurzel: daß wir viel zu selten über uns weinen können. Wer nicht über sich weinen kann, kann auch nicht über sich lachen. Er macht sich allenfalls über sich lustig – und das mit gutem Grund. Nicht zufällig feiert der Zynismus in unserer Zeit Triumphe. Nur die Fähigkeit zu Trauer und Tränen befreit uns zur Selbsterkenntnis. Das ist im Lärm dieser Zeit keine Selbstverständlichkeit. Aber für den Lärm in uns sind wir selbst verantwortlich. Erst wenn die Tränen fließen, erkennen wir uns ganz. Ich habe solche Stunden als Stunden der Gnade erfahren. Solche Stunden sind die wichtigste Arbeit an uns selbst. Erst durch die Arbeit wird uns klar, wie tief die Kluft ist zwischen dem, was wir von anderen erwarten, und dem, was wir selbst zu tun bereit sind, zwischen unserem Sagen und unserem Tun, zwischen Theorie und Praxis. In der Theorie sind wir Weltmeister, in der Praxis Anfänger. Dies immer wieder zu erkennen ist der Anfang der inneren Umkehr.

Die Stille legt die positiven Kräfte in uns frei und befreit uns von unseren negativen Reizen. Nur in der Stille finden wir Gott – in uns. Wo die innere Stille erwacht, hören wir Gott. Der Durchbruch zur Ahnung der Transzendenz heißt: Gott im Grunde unseres Herzens verstehen lernen. In uns ist der Geburtsort Gottes. Dieses Menschenbild und dieses Gottesbild verdanken wir Jesus. Größeres hat nie ein Mensch über Menschen gesagt: Wir sind Gottes Mutterboden. Er braucht auch uns. Schade, daß wir dort, wo Gott zu Hause ist, kaum zu Hause sind. Viele Menschen geraten ständig außer sich: sie gehen kaum noch in sich und kommen deshalb nicht zu sich. Wir laufen uns ständig davon.

Es fehlt uns oft eine stille Stunde. Nicht, weil wir sie nicht hätten. Wir alle haben gleich viel Zeit am Tag: 24 Stunden. Aber wir stehlen uns oft selbst die wertvolle Zeit mit wertloser Beschäftigung. Wenn es einmal ruhig ist, dann stellen wir Radio oder Fernseher an. Wir fliehen nicht in die Stille – wir fliehen ständig vor der Stille – sogar in unseren Gottesdiensten herrscht überwiegend Betriebsamkeit; deshalb passiert so wenig. Konkret: Wenn ich nicht jeden Tag eine stille Stunde ganz allein für mich, eine stille Stunde zusammen mit meiner Frau und zwei intensive Stunden mit unseren Kindern habe, fühle ich mich innerlich gestört. Mit Störungen kann ich weder intensiv leben noch produktiv arbeiten – auch nicht in meinem Beruf. Der lärmende Fernsehbetrieb kann innerlich ebenso störend sein wie der hektische politische Betrieb, wenn man sich nicht zurückzuziehen vermag. Diese Einsamkeit der Stille ist nicht Isolation, sondern

Voraussetzung für Leben und Liebe. Johannes Müller: „Man muß sich für diese Stunde dem Nichtstun widmen ... und sein Innerstes zur Ruhe kommen lassen. Das geschieht in dem allgemeinen Lebensstrom, wenn wir uns einfühlen als Zelle des Ganzen, uns empfinden als einen Halm oder eine Blüte der Erde, als einen Strahl im Lichtmeer Gottes und darin wunschlos und von allem unabhängig werden. Dann spürt man den Atem der Schöpfung und atmet mit. Dann geht man im All auf und ruht darin aus. Es herrscht in uns das große Schweigen und um uns die tiefe Stille, in der unsere Seele aufatmet."

In der Natur und in der Stille und im Leben mit Kindern finden wir den wahren und wirksamen Humus für unsere Seelen. Nichts ist so gesellschaftsverändernd wie die stille Arbeit an sich selbst. Nur in der Stille können wir wirklich getroffen werden vom Blitzstrahl eines neuen Bewußtseins. Das Wesentliche ist unsichtbar, aber erfahrbar: In der Stille berühren wir das göttliche Selbst, das in uns liegt. Nach seiner vierzigtägigen Stille in der Wüste hatte Jesu neues Bewußtsein von Mensch und Gott größte politische Bedeutung für die Geschichte. Die Vorstellung von einem unpolitischen Jesus ist – gemessen an seiner weltpolitischen Bedeutung – rührend selbstbetrügerisch. Die leisen Merker verändern die Welt nachhaltiger als die lauten Macher. Reinhold Schneider war davon überzeugt, daß im Atomzeitalter nur die Beter die Welt noch zu retten vermögen. Die Frage ist allerdings, wie man betet. Auch darauf gibt der Meister aus Nazaret in der Bergpredigt eine klare Antwort. Wirkliches Beten heißt Sichöffnen zur Selbsterkenntnis. Doch beten wir nicht allzu oft mit den Lippen statt mit dem Herzen und betrügen uns selbst? Im Gebet können wir Gott hören, wenn unser Gebet hörende Bereitschaft ist. Wir Christen haben jedoch verlernt, im Gebet zu hören – wie wir westlichen

Menschen überhaupt verlernt haben hinzuhören –, wir sehen allenfalls noch hin, und wir plappern lieber. Jeder schwätzt auf den anderen ein. Davon bleibt selbst Gott nicht verschont. Gott kann uns nicht er-hören, wir müssen auf ihn hören. Er spricht in jedem Augenblick zu uns. Erst wenn wir unsere inneren Panzersperren gesprengt haben, wird die Quelle zum Urgrund frei, in dem wir Gottes Ruf an uns vernehmen können. Täuschen wir uns nicht: Es gibt keinen anderen Weg zur Freiheit. Alle lauten und betriebsamen Wege sind Sackgassen unseres Egoismus und Materialismus und unserer Neurosen. Atombombenpolitik und Abtreibung sind nur die politischen und privaten Extreme unserer heutigen Verwirrung. Wir lindern Schmerzen mit Tabletten, Trauer mit Drogen und verdrängen den Tod. Nur in der Stille können wir erkennen, daß der Schmerz immer eine Warnung ist und der Leidensdruck immer eine Chance zur Umkehr, so wie der Tod die Pforte zu einem neuen Leben. Der Sinn, den wir dem Leben geben, hängt eng zusammen mit dem Sinn, den wir im Tod sehen. Die Entwicklung unserer Persönlichkeit schaffen wir durch Zwänge und Notwendigkeiten, die wir nur in der Stille und unter Leidensdruck erkennen. Moralische Ratschläge nützen nicht viel. „Die Natur", sagt C. G. Jung, „hat sich durch wohlmeinende Ratschläge noch nie imponieren lassen. Nur kausal wirkender Zusammenhang bewegt die Natur, auch die menschliche. Ohne Not verändert sich nichts, am wenigsten die menschliche Persönlichkeit." Nur Leidensdruck und Vertrauen helfen, wenn unser Karren im Dreck steckengeblieben ist. In jeder Krise liegt eine große Entwicklungschance. Wer in seinem Leben viel Grund hatte zur Umkehr, ist dankbar für Rettungsanker. Die in der Weltliteratur unübertroffenen Jesusbilder vom barmherzigen Samariter oder vom wartenden Vater, der seinem verlorenen Sohn verzeiht, oder vom Samen, der aufgeht oder auch nicht, sind solche Rettungsanker. Jesus ist ein großer Menschenkenner und ein wunderbarer Seelenheiler. Er lehrt: Wer über sich geweint hat, sieht wieder vieles klarer, freundlicher und toleranter.

Erst wenn wir in Tränen frei werden von unseren Schuldgefühlen, können wir uns in die vergebende Liebe Gottes versenken. Dann verweilt unsere Gedankenenergie nicht mehr im Negativen der Vergangenheit, sondern wird stark und frei für das Positive der Gegenwart. Dann wächst gottvertrauende Risikobereitschaft in uns. Dann werden die alten Sicherheiten zweitrangig, weil wir anfangen, die Zusicherung Jesu zu verstehen: „Ich mache alles neu." Jetzt kann geistige Verwandlung mit uns geschehen. Jetzt spüren wir: Gott ist die Kraft des Guten, der Liebe und des Friedens. Jetzt spüren wir, daß Gott zwar unsichtbar, aber immer anwesend ist. Er ist so da, wie die Luft da ist und wie ich da bin. Es gibt Menschen, denen man dieses Wunder des inneren Lichts im Strahlen ihrer Augen ansieht. Sie verbreiten eine wunderbare Atmosphäre. Sie sind ein Instrument der Liebe Gottes.

Jeder von uns kennt solche Menschen. Sterbende kann man genauso erleben. Spätestens im Sterben geht vielen ein Licht auf. Jetzt spielt die Sperre unseres Intellekts wirklich keine Rolle mehr. Jetzt zählt nur noch das eine: die Liebe. Die Sterbeforscherin Elisabeth Kübler-Ross und der amerikanische Arzt Moody beschreiben in ihren Büchern, wie wichtig es für unser Leben ist, von Sterbenden zu lernen. Nicht nur sie brauchen uns, noch mehr brauchen wir sie. Sterbende sind unsere besten Lehrmeister. Entscheidend ist, ob wir hören können. Nicht, was wir ihnen sagen, was sie uns sagen, ist wichtig.

Glauben allein hilft nicht viel, wie man bei so vielen Gläubigen jeden Tag sehen kann. Glaube ist oft eine Ideologie, die blind macht, nicht sehend und nicht hörend. Glaube, der nicht verwandelt, ist nur intellektuell. Erst durch Vertrauen und Hoffnung wirkt Glauben existenziell und verändernd. Geglaubter Glaube bewirkt gar nichts, erst gelebter Glaube durchdringt Beruf und Alltag, Ehe und Politik und macht unser Leben zum Gottesdienst.

Gebet, das nichts verändert, ist vergebliches Blabla. Gebet, das uns verändert, verändert auch unsere Umwelt. Geglaubter Glaube schafft Illusionen und macht passiv, gelebter Glaube befreit von Illusionen und macht aktiv. Jesus war in der Wüste drei „Versuchungen des Teufels" ausgesetzt. Er verdrängte die Versuchungen nicht. Er stellte sich ihnen und lebte sie aus. Jesus war Versuchungen ausgesetzt wie jeder Mensch. Der Versucher drängte Jesus, aus Steinen Brot zu machen. Jesus: „Es muß nicht Brot sein, wovon der Mensch lebt; er kann von jedem Wort leben, das Gott spricht." Hier kann man schon die neue Richtung ahnen: Jede Umkehr beginnt im Persönlichen und kann nur von innen nach außen Erfolg haben. Das heißt, der Mensch prägt in erster Linie die Verhältnisse, und nicht – wie es später Karl Marx lehrte – die Verhältnisse den Menschen.

Danach bat der Teufel Jesus, vom Tempel zu springen. „Gott wird seinen Engeln befehlen, dich auf Händen zu tragen, damit du dich an keinem Stein stößt." Sollte Jesus durch eine Zauberdemonstration die Masse zu gewinnen versuchen? Er wies die Vorstellung, Gott mit einem Zaubermeister gleichzusetzen, der nach Belieben in die Naturgesetze eingreifen kann, entschieden ab. Jesu Glaube ist kein Aberglaube. Und schließlich die verführerischste Herausforderung des Teufels: „Knie nieder, bete mich an, und ich mache dich zum Herrscher über die Welt." Jesus barsch: „Hau ab, Satan. Man soll nur Gott allein anbeten." Damit hatte sich Jesus entschieden. Das Reich des Teufels in sich hat er überwinden können, weil er sich ihm ausgesetzt hat. Und erst nach dieser psychischen Wandlung konnte er das Reich Gottes mit ungeheurer Kraft und Angstlosigkeit verkünden. Nur deshalb wirkt Jesus heute noch. Jesus hat in sich die Herrschaft der Macht durch die Herrschaft der Liebe gebrochen. Das war der Anfang der Weltrevolution. Der Weg zum Gottesreich führt nicht über die alten Gleise der Gewalt und des Mammons, sondern über das menschliche Herz und über die Liebe. Der deutlichste Ausdruck dieses neuen Programms im Neuen Testament ist die Bergpredigt bei Matthäus. Darin verkündet Jesus keinen märchenhaften „lieben Gott", sondern den wirklichen, liebenden Gott.

Heute
schon
gelebt?

Carmen Thomas

Bora utu kuliko kitu

Horchen Sie doch mal in sich hinein, wenn Sie diese Überschrift lesen. Bora. Hmm. Utu, kitu klingt ziemlich kindisch. Finden Sie nicht? So nach Behelfssprache, fürs Nötigste. Oder? Es steht auf einem afrikanischen Tragetuch für Babys, das ich schon länger besitze. Dann wundern einen diese Wörter weniger, nicht wahr?

Ich habe schon öfter darüber nachgedacht, was es wohl heißt. So etwas wie: „Alle meine Büffel . . ." oder „Backe, backe Fladen" auf Kisuaheli? Oder ist es der afrikanische Yves Saint Laurent? Nein. Den Wörtern nach muß es etwas Lustig-Einfaches sein. Lustig sind sie ja sowieso, diese Schwarzen.

Erzählt mir doch ein Entwicklungshelfer folgende Geschichte: Er bringt in liebevoller Kleinarbeit den Einheimischen in einem Dorf bei, wie man auf dem kleinen Stück Land an der Hütte dicke statt dünne Kartoffeln anbaut. Freudig gelacht hätten alle, als die Kartoffeln dank Kunstdünger und Veränderung der Sorte wirklich dicker geworden seien. „Ja, und was glauben Sie", sagte er, „im darauffolgenden Jahr haben sie nur noch ein halbes Feld angebaut. Weil es ja den gleichen Ertrag brachte."

Was denken Sie jetzt? Rührend, wie einfältig sie sind? Oder ha, diese Faulpelze: Da muß unsere Entwicklungshilfe ja versickern.

Noch eine Geschichte eines Entwicklungshelfers fällt mir in dem Zusammenhang ein: Ausgerüstet mit einem wunderbaren Lehrfilm wurde ein Entwicklungshelfer ausgesandt, Automechaniker auszubilden. Und da man diesen einfachen, analphabetischen Menschen ja alles anschaulich erklären muß, gab es einen Film zum Thema: „Die Bremse".

Im Bild ein forscher Autofahrer. Er braust über eine Landstraße. Von rechts plötzlich ein älterer Mann. Er tritt auf die Fahrbahn, der Autofahrer auf die Bremse. Aber, quietsch, krach, bumm: In einem tollen Trickstunt fliegt der alte Mann über die Straße. Wunden, Blut, tot.

Triumphierend schaut der Entwicklungshelfer in die Runde. Nun werden ja wohl alle beeindruckt sein und begriffen haben, wie wichtig die Bremsbeläge sind. Von wegen! In den Gesichtern Gleichgültigkeit. Alle gehen plaudernd zur Tagesordnung über. Ob sie nicht entsetzt seien vom Tod des alten Mannes? Nein, wieso? Er wäre doch sowieso bald gestorben. Ja, aber auf diese Weise? Vielleicht würde er es in seiner nächsten Existenz viel besser haben und froh sein, jetzt schon zu sterben. Wie, sei egal. Herzlos, finden Sie nicht? Der Tod ohne Schrecken macht eben doch unmenschlich. Oder?

Ist es wirklich menschlicher, daß wir zwar über totgefahrene alte Leute bestürzt sind, uns aber nicht entsetzen, daß sie einsam und abgeschoben in Altenheimen leben oder oft unter teurem Einsatz von aufwendiger lebensverlängernder Technik unmenschlich und allein sterben?

Ist es wirklich menschlicher, daß es bei uns Lehrfilme über Bremsbeläge, aber wenig praktisches Lernen fürs „Reparieren" von Beziehungen gibt?

Ist es wirklich so lächerlich, daß sie nur ein halbes Feld mit Kartoffeln anbauen, weil diese Menge für ihre Ernährung ausreicht?
Ist es Faulheit oder Weisheit? Ich weiß nicht, was weiser ist: soviel anzubauen, wie man braucht, oder Milchseen und Apfelberge zu produzieren, die man dann vernichtet. Scheinbar und kurzfristig sind sie abhängiger von der Natur.

Unsere Überfluß- und Vorratswirtschaft nährt die Illusion, wir seien weniger auf die Natur angewiesen. Aber die Folgen der Ausbeutung und Vergiftung werfen die ersten Schatten voraus und zeigen, daß wir nicht aus der Abhängigkeit entkommen können. Gerade die Verleugnung der Abhängigkeit wird die Naturkatastrophen erzeugen.

Etwas mehr Respekt und der Versuch, ihr Denken zu begreifen, würden uns vielleicht gar nicht übel anstehen. Auf jeden Fall besser, als unsere Arroganz, diese Kulturen mit unseren Sachen zuzupflastern, uns dann zu wundern, daß sie damit noch weniger klarkommen als wir selber, und dann noch zu behaupten, wir würden ihnen beim Entwickeln helfen.

Vielleicht ließe sich sogar das eine oder andere von ihnen abgucken. Zum Beispiel das Tragetuch: Wir haben tolle teure Kinderwagen. Kinderwagenfahren – seit rund 100 Jahren als Ent„lastung" gedacht – wird auf unseren tollen teuren Straßen zum belastenden Hindernisrennen. An Treppen, Bahnen und Gebäuden müssen Mütter um fremde Hilfe betteln und vor Geschäften und Banken zwangsläufig einsam geparkte Babys weinen lassen oder sie genervt nebst Einkaufstüte unter den Arm klemmen. Zusätzlich haben wir noch gelernt, das Tragetuch primitiv zu finden.

Übrigens: Die Schrift auf meinem Tragetuch ist in der Mitte angebracht – nicht nur, damit man sie besser lesen kann. Sie ist zugleich eine Markierung, die der Mutter hilft, Kind und Tuch richtig umbinden zu können. An der Schrift erkennt sie – trotz der geometrischen Muster – links und rechts und oben und unten. Ich habe zwar nie in Afrika ein bekacktes Tuch gesehen (und das, obwohl es dort keinerlei Pampers gibt), dennoch kann die Frau säuberlich die Popohälfte dadurch immer als Popohälfte aufbinden. Soviel Gedanken stecken in der Gestaltung des einfachen Baumwoll-Rechtecks.

Bora utu kuliko kitu. Ich hab es mir kürzlich übersetzen lassen. Es heißt: „Lieber menschlich als sachlich."

In der Politik muß weniger sachlich,
sondern mehr menschlich
entschieden werden.

Carmen Thomas

Ernst Breit
Vorsitzender des Deutschen Gewerkschaftsbundes

Von sachlichen Menschen und menschlichen Sachen

Ein Gespräch, das sachlich verläuft, ein Mensch, der sachlich bleibt, etwas tun, um der Sache willen – das alles wird positiv bewertet. Als gut gilt auch, menschlich zu sein und zu bleiben. Aber es ist schlecht, sich unsachlich zu verhalten, und schlimm ist es, unmenschlich zu sein. Im alltäglichen Sprachgebrauch, so scheint es, gibt es keinen Gegensatz zwischen sachlich und menschlich. Beides ist „positiv besetzt".

In der politischen Auseinandersetzung hat teilweise eine Umwertung dieser Begriffe stattgefunden. Sich rein an der Sache zu orientieren, kritisieren die einen als unmenschlich, während andere die Forderung nach mehr Menschlichkeit als unsachlich zurückweisen. Dieser Konflikt ist aktuell, aber er ist auch alt. Älter jedenfalls als das 20. Jahrhundert.

In der Vergangenheit waren diese Kontroversen oft geprägt von dem Begriffspaar Rationalität/Irrationalität. Den guten Ruf, rational zu handeln, genossen dabei – nicht immer zu Recht – diejenigen, die „die Sache", also den Industrialisierungsprozeß und den technischen Fortschritt, vorantrieben. Irrationalität wurde – nicht immer zu Unrecht – denjenigen bescheinigt, die diesen Modernisierungsprozeß als Bedrohung empfanden und die Versöhnung von Mensch und Natur propagierten.

Heute ist es zumindest schwerer geworden, ungebrochen für die Rationalität der technisch-industriellen Entwicklung zu argumentieren. Das beste und damit zugleich schlimmste Beispiel ist vielleicht die Neutronenbombe, in der sich zwar ein Höchstmaß von Ratio im Sinne sachlogischer Intelligenz, aber im Sinne menschlicher Vernunft kein Quentchen mehr wiederfindet. Die massenhafte Vernichtung von Menschen und das gleichzeitige unbeschädigte „Überleben" von Sachen zu planen – sachlicher geht es nicht, unmenschlicher auch nicht.

Aber seien wir vorsichtig mit Superlativen. Eröffnet sich mit der Gentechnologie nicht bereits eine Entwicklung, die den Menschen zur machbaren Sache zu degradieren droht – produzierbar wie ein Auto, programmierbar nach Fabrikat und Modell, differenzierbar nach Geschlecht, Gestalt und „Menschenstärken"? Der Mensch im Zeitalter seiner technischen Reproduzierbarkeit – wie lange bleibt das noch ein Thema nur für Science-fiction-Romane?

Zurück zur Gegenwart. Ich werde den Verdacht nicht los, daß es sich in der Auseinandersetzung um sachliche oder menschliche Politik um Etikettierungen handelt, die die Funktion haben, Interessen zu kaschieren. Hinter jedem sogenannten Sachzwang steht ein Interesse, das eine bestimmte Sache erzwingen will; und es ist auch keine Schande zuzugeben, daß hinter dem Ruf nach mehr Menschlichkeit die Forderung steht, Interessen bestimmter Menschen stärker zu berücksichtigen.
Wenn sich beispielsweise die Gewerkschaften für die Humanisierung der Arbeit stark machen und die Arbeitgeber dagegen von technischen Erfordernissen bis hin zur internationalen Wettbewerbsfähigkeit Sachzwänge ins Feld führen, dann handelt es sich um einen klassischen Interessenkonflikt. Bei der Einführung neuer Technologien in den Betrieben und Verwaltungen muß dieser Konflikt tagtäglich praktisch entschieden werden. Das Komplizierte dabei ist, daß die Entscheidung von heute zum Sachzwang von morgen wird.

Aber – und hier liegt wohl der springende Punkt – würden bei diesen Entscheidungen die Interessen aller betroffenen

Menschen berücksichtigt, könnten nicht einige ihre Interessen auf Kosten anderer durchsetzen, dann träten die Konsequenzen dieser Entscheidungen auch nicht als äußerliche Zwänge auf. Voraussetzung dafür wäre allerdings, daß an diesen Entscheidungen alle Betroffenen gleichberechtigt beteiligt wären, denn anders ist die angemessene Berücksichtigung ihrer Interessen nicht zu garantieren.

Fazit: Die Forderung, daß weniger sachlich und mehr menschlich entschieden werden sollte, ist letztlich nichts anderes als die Forderung, daß mehr Menschen über die Sachen entscheiden. Das Rezept gegen Sachzwänge und für mehr Menschlichkeit heißt Demokratisierung.

Prof. Dr. Kurt H. Biedenkopf

Carmen Thomas hat mit ihrer Aussage: „In der Politik muß weniger sachlich, sondern mehr menschlich entschieden werden", recht, wenn sie mit menschlich: „dem Menschen gemäß", meint. Politische Entscheidungen müssen sich daran messen lassen, ob sie dem Menschen gemäß sind. Das heißt, sie müssen auf Ordnungen und Regeln gerichtet sein, die der Natur des Menschen entsprechen. In diesem Sinne muß Politik menschlich sein.

Dagegen können politische Entscheidungen nicht in dem Sinne menschlich sein, daß sie vor allem das Einzelschicksal regeln. Politik und damit Gesetzgebung schaffen Ordnungen für alle oder jedenfalls doch für viele Menschen. Das führt den Politiker immer wieder in Widerspruch zwischen einer für die Gemeinschaft richtigen, für den einzelnen aber schweren Entscheidung. Beispiel: Die Entscheidung in Sachen Pflegeversicherung.

Wenn sich der Politiker dafür entscheidet, daß die Gemeinschaft der Familie, die einen Pflegefall zu betreuen hat, nur subsidiär helfen soll, die Hauptlast eines Schicksals jedoch von der Familie getragen werden muß, so kann dies im Einzelfall für die Betroffenen eine schwere Belastung werden. Insgesamt gesehen bedeutet es jedoch, eine menschlichere Gesellschaft zu schaffen, wenn wir dafür Sorge tragen, daß auch der alte und pflegebedürftige Mensch im Kreis der Familie bleiben kann und nicht damit rechnen muß, als Folge einer gesetzlichen Zwangsversicherung in Pflegeeinrichtungen abgeschoben zu werden.

Wie in diesem, so ist auch in vielen anderen Fällen die Politik immer wieder vor die Entscheidung gestellt, eine menschliche Ordnung zu schaffen und damit dem einzelnen oft Leistungen zuzumuten, die er selbst vielleicht als „unmenschlich" empfindet, die jedoch ein Teil des menschlichen Schicksals sind.

Menschlich entscheiden heißt auch, die Ordnungen so zu gestalten, daß die Menschen sich in ihnen frei bewegen und Verantwortung übernehmen können. Deshalb ist eine Politik in meinen Augen weniger menschlich, die den Menschen die Verantwortung abnimmt und sie auf den Staat überträgt, der sie nur anonym und bürokratisch wahrnehmen kann.

„Utopien sind wie Wolken.
Ohne sie wird das Land
zur Wüste, vertrocknet,
schattenlos und tot."
Friedrich Naumann

In der Hoffnung, den Mond zu erreichen,
vergißt der Mensch die Blumen,
die zu seinen Füßen blühen.
Albert Schweitzer

Da wachsen Kinder auf
an Fensterstufen,
die immer in demselben
Schatten sind,
und wissen nicht, daß
draußen Blumen rufen
zu einem Tag voll Weite,
Glück und Wind –
und müssen Kind sein
und sind traurig Kind.

Rilke

Der „Kinderplanet"

Im Februar 1970 stirbt mit nur zehn Jahren Grace Patricia Kelly an Krebs. Das Kind hat viel leiden müssen. Es mußte vier schwere Operationen, den Verlust eines Auges, Strahlenbelastungen unter riesigen Maschinen und große Schmerzen ertragen. Dies in einer Umwelt, in einer Krankenhausatmosphäre, die zwischen Kind und Erwachsenem keinen Unterschied macht.

Mit Grace Kelly litten ihre Omi Kunigunde Birle und ihre Schwester Petra Kelly. Beide Frauen haben die Situation krebskranker Kinder sehen und mitertragen müssen. Auf Grund ihrer traurigen Erfahrungen gab es für beide nur ein Ziel: Für krebskranke Kinder muß sich vieles ändern, muß mehr getan und erreicht werden.

1973 gründen Omi Birle und Petra Kelly das Projekt „Kinderplanet". Entstehen sollen kindgerechte Zentren, in denen die Kinder behandelt werden können. Vor allem soll eine psychosoziale Betreuung von Kindern und Familien gewährleistet sein.

Für Omi Birle, heute 80 Jahre alt, beginnt ein mühsamer Weg. Mit Petra Kelly beginnt sie Spenden zu sammeln. Zusätzlich übernimmt sie alle Verwaltungsaufgaben. Auch politisch wird sie aktiv. Sie ist mit dabei, wenn gegen Aufrüstung und atomare Bedrohung demonstriert wird. Sie schließt sich den „Grauen Panthern" an, weil sie nicht einsehen will, daß Alte sich zurückziehen und resignieren. „Wir Alten müssen miteinander reden, wir müssen unsere Erfahrungen den Jungen mitteilen, besonders wir müssen mithelfen, die Gesellschaft zu verändern. Wir müssen mit Liebe überzeugen."

Sie ist sehr traurig, daß um Geld für die Betreuung krebskranker Kinder über Jahre gekämpft werden muß, während für die Rüstung Milliardenbeträge fließen. Sie wünscht so sehr, daß der „Kinderplanet” verwirklicht werden kann. Sie hilft mit all ihrer Kraft: „Wir können von diesen Kindern, die so viel leiden, viel lernen: wie sie die Krankheit ertragen und wie tapfer sie sind. Aber diese Kinder brauchen viel Liebe. Und sie weint, als sie sagt: „Grace war ein wundervolles Kind.”

Der Kinderplanet

Appell von Petra K. Kelly, MdB

In der Bundesrepublik Deutschland werden heute pro Jahr etwa 1.700 neu an Krebs erkrankte Kinder registriert. Viele von ihnen sterben nach jahrelangem Leiden, operiert, bestrahlt, hin und her transportiert zwischen Spezialkliniken, oft verzweifelt, oft allein. Solche Schicksale signalisieren nicht nur einen beschämenden „Handlungsbedarf”, sie lassen einen selbst vielleicht auch Abstand finden zu sich und zu den eigenen Problemen.
Der Ärzte- und Personalmangel besonders im psychosozialen Bereich an den onkologischen Kinderstationen in der Bundesrepublik Deutschland ist so offenbar, daß einzelne Elterngruppen/Elterninitiativen dazu übergegangen sind, Planstellen für Ärzte und Therapeuten selbst zu finanzieren.
Seit dem Tod meiner damals fast elfjährigen Schwester Grace, die an Krebs erkrankt war (1970), habe ich es mir zusammen mit meiner nun 80jährigen Omi, Frau K. Birle, zur politischen und persönlichen Aufgabe gemacht, über diese Notlage öffentlich aufzuklären und alles zu versuchen und zu unternehmen, um zu einer Verbesserung dieser Situation zu kommen.
Im Zuge dieser Arbeit habe ich zusammen mit Bekannten, Freunden, betroffenen Eltern und Geschwistern, engagierten Ärtzen usw. die „Grace P. Kelly Vereinigung zur Unter-

stützung der Krebsforschung für Kinder e. V." Anfang der 70er Jahre gegründet. In Zusammenarbeit mit einem ökologisch gesinnten und sehr engagierten Architekten- und Planerteam, mit Kinderpsychologen und Kinderkrebsärzten und Betroffenen war es uns dann auch gelungen, ein psychosoziales und sozialpädiatrisches Konzept für krebs- und chronischkranke Kinder und Jugendliche zu entwickeln – den „Kinderplaneten". Der Name, die ganze Idee stammt eigentlich von meiner Schwester Grace, weil sie während ihrer so schmerzhaften Behandlungen und Operationen in diversen Krankenhäusern und Kliniken und Strahlenabteilungen (in den USA und Europa) immer so deutlich zum Ausdruck brachte, wie die Welt eines Kindes, ob krank oder gesund, eigentlich aussehen und gestaltet werden sollte.

Der „Kinderplanet" – eine Zuflucht

Mit der Bezeichnung „Kinderplanet" soll zum Ausdruck gebracht werden, daß hier als Gegengewicht zu der beängstigenden medizinischen Welt des Krankenhauses eine von kindlichen Bedürfnissen bestimmte, geschützte Umgebung geschaffen werden soll, eine Sicherheitszone, in der das kranke Kind Vertrautheit und Zuflucht findet.

Der „Kinderplanet" ist die Bezeichnung für eine „psychosoziale" Abteilung, die einem bestehenden Krankenhauskomplex ein- und zugeordnet sein sollte und die sich um die Erforschung und Berücksichtigung der Lebens- und Lernmöglichkeiten, der Verhaltensweisen und Reaktionen krebs- und chronisch kranker Kinder bemühen sollte. Der „Kinderplanet" (den ich seit 1975 in Heidelberg verwirklichen wollte) ist gleichzeitig poliklinischer, psychosozialer, sozialpädiatrischer Arbeitsbereich mit angegliederter „rooming-in"-Station (gemeinsame Unterbringung von Mutter und Kind im Krankenhaus) als auch heilpädagogischer Kindergarten mit Klinikschule, Einzeltherapiebereichen und zentralem Spiel- und Aktionsraum. Der zentrale Spiel- und Ak-

tionsraum (für den meist immer nur eine kleine, sehr bescheidene Ecke auf der Kinderkrebsstation übrig bleibt...), dieser multifunktionale Lern-Spiel-Therapie-Bereich, soll den Bedürfnissen von Kindern aller Altersstufen gerecht werden. Hier sollen Kinder werken, basteln, malen, mit Sand, Ton, Wasser spielen, Musik machen und hören, Theater spielen, lesen, bauen, sich verkriechen können – hier sollen Kinder auf ihre Behandlung warten können, in stationärer Behandlung befindliche Kinder zum Spielen herüberkommen, Kinder von Klinikangehörigen einen Kindergarten finden.
Ferner soll im Spiel auf notwendige Eingriffe im Rahmen der Behandlung vorbereitet sowie aus dem freien Spiel abgelesen werden, welche Probleme die Kinder belasten und über welche Schwierigkeiten ihnen hinweggeholfen werden muß. Gerade für das kranke Kind ist das Spiel von eminenter psychosozialer Bedeutung.

Bittgänge, Bittbriefe, Hilferufe

Von 1975 an habe ich mit Ärzten und Freunden versucht, das Modell „Kinderplanet" in die Tat umzusetzen . . ., es wurde ein ohnmächtiger Bittgang von Landes- zu Bundesbehörden und zurück zu Landesbehörden . . . zur Deutschen Krebshilfe, zum US National Cancer Institute, wo wir auch einen Antrag gestellt haben im Rahmen der internationalen Zusammenarbeit, usw. . . .

Wir bekamen zwar viel Beifall und Zustimmung zahlreicher Verantwortlicher, auch Politiker und Politikerinnen, aber keine konkrete finanzielle Unterstützung. Das Land Baden-Württemberg und der Bund schoben sich ständig den „Schwarzen Peter" zu; man konnte den „Kinderplaneten" immer zwischen den Zeilen durchblicken, daß dieses Konzept zum „Sterbeparadies" für Kinder werden könnte – und Beamte in der Verwaltung sowie auch die Deutsche Krebshilfe damals meinten, daß man die psychosoziale Notlage in den Krankenhausbedarfsplan nicht einordnen, man ließ mit einigen gespendeten Spielzeugsachen beheben könnte.

Viele Ordner sind inzwischen gefüllt mit Bittbriefen und Hilferufen von seiten der betroffenen Eltern und Ärzte.

Die von mir initiierte „Grace P. Kelly Vereinigung" sammelte und sammelt weiterhin – bescheiden, aber fleißig – Spenden (zusammengesetzt aus vielen 5-, 10- und 20-Mark-Scheinen) aus allen Teilen der Bundesrepublik, sogar aus Holland, Österreich, Belgien, den USA und Australien.

Qualvolle Enge auf den Stationen

1979/1980 erarbeitete ich dann zusammen mit Prof. Dr. H. Steffen aus Mainz eine Vergleichsstudie für die Europäische Gemeinschaft über die psychosoziale Lage an europäischen und auch amerikanischen Kinderkrebsstationen. Die Bundesrepublik schnitt dabei schlecht ab. Die räumliche Enge auf vielen Stationen ist qualvoll; das Personal, das fast Übermenschliches leisten muß, ist chronisch überlastet. Während einer von meiner Vereinigung initiierten Podiumsdiskussion im Herbst 1984 in Bonn-Bad Godesberg schilderte eine Krankenschwester, wie das ist, in der Nacht mit zwanzig krebskranken Kindern allein auf der Station zu sein. Einige erbrechen ständig nach der sehr aggressiven Chemotherapie; andere sind von Ängsten geschüttelt. Die Arbeit auf diesen Stationen entspricht der anstrengenden Arbeit auf einer Intensivstation. „Die heute angewandten therapeutischen Maßnahmen sind so eingreifend, daß sie, so paradox dies klingt, lebensbedrohlich sein können und bei unsachgemäßer Anwendung, insbesondere ohne entsprechend erfahrenes Team, schwerste Komplikationen hervorrufen . . ." (so Prof. Dr. Sitzmann von der Universitäts-Kinderklinik Homburg/Saar).

Und Mütter krebskranker Kinder schreiben: „Im Sommer geht eine Schwester in den Mutterschutz, und ihre Stelle wird nicht besetzt. Dazu ist Urlaubszeit. Von der Elterninitiative sind wir bemüht, für das halbe Jahr eine Aushilfsschwester einzustellen. Zu mehr reichen leider unsere finanziellen Mittel nicht. Das Schlimmste aber ist, daß Ende des Jahres zwei Schwesternstellen gestrichen werden sollen, die bisher vom Arbeitsamt finanziert wurden . . . Wenn die meisten Eltern nicht aktiv mitarbeiten und Infusionen überwachen, Erbrochenes wegbringen, Kinder waschen und topfen – die Station könnte die Arbeit nicht bewältigen . . . Kinder, deren Eltern nicht zu Besuch kommen können, sind auf sich gestellt, wenn sich nicht fremde Eltern oder ehrenamtliche Helfer ihrer annehmen . . ."

„Lobbyarbeit" zugunsten krebskranker Kinder

Seit ich 1983 in den Bundestag gewählt wurde, habe ich meine „Lobbyarbeit" zugunsten krebskranker Kinder und Jugendlicher auf parlamentarischer Ebene verstärken können – mit Hilfe meiner engagierten Mitarbeiter und Mitarbeiterinnen und dank der Mitglieder der Gesellschaft für Pädiatrische Onkologie und der Elterninitiativen. Ein Versuch, im Herbst 1984 zusätzlich 3 Millionen DM für Personalstellen für Ärzte und Pflegepersonal und 3 Millionen DM für Stellen im psychosozialen Bereich zu bekommen, scheiterte in der damaligen Haushaltsdebatte. Ein zweiter Versuch am 18. April 1985 schlug ebenfalls fehl. An jenem späten Abend, während der Debatte und namentlichen Abstimmung, gab es sehr enttäuschte und traurige Eltern und Ärzte und Vereinigungsmitglieder oben auf der Zuschauertribüne . . ., und ich war zermürbt, sehr traurig und auch zornig.

Ich gebe den Kampf nicht auf

Ich denke gerade an den „Kleinen Prinzen" – an die Dichtung Antoine de Saint Exupérys. Spürbar leben wir inmitten einer sich endlos ausbreitenden Wüste, aber ob sie einen Brunnen birgt und wo er liegt – das ist die Frage.

Petra Kelly

Epilog im Plenarsaal des Deutschen Bundestages. 18. April 1985. Punkt sechs der Tagesordnung: Die Versorgung der krebskranken Kinder. Die Abgeordnete Petra Kelly fordert die Kollegen im Bundestag auf, ihrem Antrag für eine umfassende Verbesserung der Situation auf den Stationen der Pädiatrischen Onkologie zuzustimmen. Sie dankt der Regierung für die neuerdings für ein Jahr bereitgestellten Mittel von einer Million Mark für die Unterstützung von zehn Tumorzentren. (Insgesamt wären fünf bis sechs Millionen Mark jährlich notwendig.) Aber sie weist auch auf die weiterhin bedrängende Not in der psychosozialen Betreuung hin. Sie bittet, ihren Antrag nicht unter parteipolitischen Gesichtspunkten zu beurteilen.

Ihr Bericht scheint außer bei den Grünen keinerlei Aufmerksamkeit zu finden. Die meisten Abgeordneten, die während der Debatte den Saal nicht verlassen haben, unterhalten sich lautstark, lesen Zeitung, gehen umher, drehen der Rednerin den Rücken zu, demonstrieren arrogante Interessenlosigkeit. Nachdem Abgeordnete der übrigen Parteien sich beeilt haben, die großen Defizite in der Versorgung der krebskranken Kinder zu bestätigen und zu bedauern, wird abgestimmt. Der Antrag wird abgelehnt: 228 (CDU und FDP) stimmten mit nein, 194 (Grüne und SPD) mit ja.

Ich denke an die enttäuschten Ärzte und Eltern, die im Plenarsaal die Debatte verfolgt haben, und an die Väter und Mütter draußen, die in der Pflege ihrer Kinder Schwesternarbeit übernehmen. Ich denke an den Vater, der am Bett seines sterbenden Kindes vor Erschöpfung zusammengesunken ist. Und ich denke an Christoph, Graziella, Stefan, Savina, Nermin, Jens und an Stefanie.

Auszug aus Zeit-Magazin, 9. 5. 1985: „Im Stich gelassen" von Katharina Zimmer

Das Projekt „Kinderplanet" wächst:

Mehrmals scheitert Petra Kelly mit Anträgen im Bundestag. Aber Initiativen sammeln Geld, um die Idee „Kinderplanet" zu verwirklichen. Da ist die Klasse 7 der Hauptschule Nachtsheim, die durch den Verkauf einer selbstproduzierten Musikkassette einen Betrag von über 5.000,– DM erzielt.

Auktionen mit Künstlern bringen große Summen, die die ärgste Not in einigen Kliniken lindern helfen.

Kunstauktion mit Joseph Boys, Marianne von Weizsäcker
und Kunigunde Birle

Udo Lindenberg und Dirk von der Hauptschule Nachtsheim

Wir wollen leben

Wir wollen jetzt in Frieden leben,
Krieg und Waffen woll'n wir nicht,
wir woll'n frei und glücklich sein,
Ihr da oben, laßt uns doch in Ruh!
Hey, Politiker, laßt uns doch in Ruh!
Es ist doch uns're Welt, die Ihr zerstören wollt.
Wir woll'n doch leben, wollen doch glücklich sein.

Wir woll'n keinen Smog auf Erden,
laßt die armen Bäume steh'n!
Klare Bäche woll'n wir haben,
Bosse, laßt uns die Natur!
Hey, Bosse, laßt uns die Natur!
Es ist doch uns're Welt, die Ihr zerstören wollt.
Wir woll'n doch leben, wollen doch glücklich sein.

Wir sind gegen Tierversuche,
laßt die Tiere doch in Ruh,
auch die Tiere wollen leben,
Wissenschaftler, gebt das endlich zu!
Hey, Wissenschaftler, gebt das endlich zu!
Es ist ihr Leben, das Ihr zerstören wollt!
Auch Tiere woll'n leben, wollen doch glücklich sein.

Wir woll'n unser Leben leben,
wollen frei und glücklich sein,
und Ihr solltet Vorbild sein,
Eltern, Lehrer, Vorbild sollt Ihr sein!
Hey, Ihr Großen, Vorbild sollt Ihr sein!
Es ist uns're Zukunft, an die Ihr denken sollt!
Wir wollen doch leben, wollen doch glücklich sein. (2×)

Klasse 7 Hauptschule Nachtsheim

Kunigunde Birle, Marianne von Weizsäcker, Petra Kelly und Gerd Bastian
bei einer Kunstauktion in Bonn

Am 12. März 1986 hat Petra Kelly auch im Bundestag Erfolg. Mittel für die pyschosoziale Betreuung krebskranker Kinder werden freigegeben.

Zur Entscheidung im Haushaltsausschuß am 12. März 1986:

Wir freuen uns!

Nach jahrelangem Bemühen, kurz vor Redaktionsschluß: Heute, am 12. März, fand eine Sitzung des Haushaltsausschusses statt, die über die Entsperrung von zusätzlich 6 Millionen DM (im Geschäftsbereich des Bundesministers für Arbeit und Sozialordnung) zu entscheiden hatte. Ich bat um die Möglichkeit, im Haushaltsausschuß anwesend sein zu können, und mir wurde gemäß § 69 Geschäftsordnung des Deutschen Bundestages auch das Wort erteilt. So hatte ich Gelegenheit, erneut die Forderung nach Freigabe bisher gesperrter Mittel für die psychosoziale Betreuung krebskranker Kinder einzubringen. Ihre Berechtigung wurde diesmal von allen Parteien anerkannt.

In einem vorliegenden Bericht des Bundesministers für Arbeit und Sozialordnung vom 25. Februar 1986 wurde festgestellt, „daß die psychosoziale Betreuung krebskranker Kinder und deren Familien inzwischen als bedeutsam für den Gesundungsprozeß und die Reintegration des jungen Patienten in sein soziales Umfeld erkannt wird".

Ich dachte während dieser Sitzung an die leidenschaftlichen Haushaltsberatungen im Deutschen Bundestag im November 1985, an die z. T. sehr aggressiven Reaktionen meiner Kollegen und Kolleginnen, als ich damals in einem Änderungsantrag forderte, daß ein Beitrag in Höhe von 2,1 Millionen DM ausschließlich zur psychosozialen Betreuung krebskranker Kinder festgelegt werden sollte. Der Antrag wurde damals abgelehnt, wie schon zweimal zuvor, u. a. mit dem Argument, daß die psychosoziale Betreuung krebskranker Kinder keiner Zweckbindung im Haushaltsplan bedürfe und es mehr Gestaltungsraum gäbe, wenn die Verwendung der Mittel nicht festgelegt würde.

Jetzt freue ich mich um so mehr, Ihnen allen mitteilen zu können, daß die heutigen Beratungen im Haushaltsausschuß zu konkreten und positiven Lösungen geführt haben – zugunsten krebskranker Kinder und deren Familien. Ab Mitte 1986 wird mit dem Aufbau der psychosozialen Betreuung krebskranker Kinder und der Unterstützung des ambulanten Bereiches durch die Förderung von Pflegepersonal, Sozialarbeitern und Sozialpädagogen und – je nach Bedarf – psychotherapeutisch geschultem Personal begonnen. Zur Vorbereitung der Förderung durch das BMA erarbeitet die Gesellschaft für Pädiatrische Onkologie (Professor Dr. Niethammer) zur Zeit ein Versorgungskonzept aus.

Für diese Förderungsmaßnahmen im psychosozialen Bereich sind 1986 Mittel in Höhe von 2 Millionen DM und für 1987 bis 1989 jeweils 4 Millionen DM vorgesehen. Dem hat der Haushaltsausschuß zugestimmt.
Wir haben Grund zur Freude! Die Arbeit der vielen Elterninitiativen, das Engagement der Kinderkrebsärtze, der Druck der öffentlichen Meinung und die vielen Stunden Arbeit über all die Jahre waren nicht umsonst!

Petra Kelly

Im Oktober 1986 werden die Probleme krebskranker Kinder einer großen Öffentlichkeit bekannt. ZDF und STERN veranstalten in Böblingen ein Konzert zugunsten krebskranker Kinder.

Die Narren

Sie fangen das Licht mit der Hand,
hängen sich ein Vogellied um den Hals
und beweinen den Tod der Ameise –
Im Wald sind sie Vögel
und schlafen auf Eichenlaub
und unter wildem Wein –

Sie lassen sich blutig schlagen
um einen Schmetterling
und kämpfen immer noch
mit verkrampften Fäusten –
Morgens beten sie die Sonne an
und fassen sich bei den Händen
und tanzen für eine kleine Nachtigall –

Sie verschenken weißen Jasmin
auf der Straße
und laufen weiter und singen

und die Leute sagen,
daß es Narren sind –

Petra Kelly

Dietrich Niethammer und Manon Hoffmeister

Die Welt der Onkologie aus der Sicht des Kinderarztes und des Psychologen

Die Krebsangst hat Ausmaße angenommen, die Krebs als die Geißel der Menschheit in der modernen Zivilisation erscheinen lassen, vergleichbar der Pest im Mittelalter. Krebs ist ein Synonym für Schmerz, Verstümmelung und Tod geworden, so daß Eltern, denen der Arzt mitteilt, ihr Kind leide an Krebs, diese Diagnose wie ein Todesurteil erleben.

Eine Krebserkrankung im Kindesalter ist nicht unbedingt tödlich, aber immer lebensbedrohlich und verändert die Welt des Kindes und seiner ganzen Familie in einschneidender Weise. Das Kind erfährt sein Gefährdetsein durch die verzweifelte Angst und hilflose Auflehnung seiner Eltern; sein Glaube an ihre Allmacht zerbricht, es fühlt sich schutzlos, verlassen und in Not. In Not sind auch seine gesunden Geschwister, die sich mit Fragen herumquälen, die sie nicht an ihre verstörten Eltern zu stellen wagen, und die Großeltern, die in ihrer Angst die Eltern häufig um ihre letzte Fassung bringen. Es macht uns oft sehr traurig, daß wir meistens nicht die Chance haben, uns um die gesunden Geschwister zu kümmern, die ebenfalls dringend Hilfe brauchen.

Die Welt der Onkologie ist eine Welt der Angst. Die Eltern haben vor allem Angst, was mit ihren Kindern geschieht: Angst vor dem Blutabnehmen, Angst vor der Punktion, Angst vor der Bestrahlung, Angst vor dem Tropflegen, Angst vor dem Erbrechen, Angst vor einem Rückfall, Angst vor dem Sterben, und nachts können sie nicht einschlafen aus Angst vor dem Morgen. Und dann machen sie sich Vorwürfe und fragen sich: Warum hat es gerade uns getroffen?

Wofür werden wir denn bestraft? – und suchen nach ihrer Schuld.

Die Welt der Onkologie ist eine Welt der Schuldgefühle und Bestrafungsängste. Vor allem die Mütter sind eigentlich immer davon überzeugt, daß sie an der Erkrankung ihres Kindes schuld sind, und die Umwelt trägt das Ihre dazu bei, diese Ängste zu verstärken. Eine Mutter, die berufstätig ist, sagt, ihre Schwiegermutter habe ihr vorgeworfen, sie habe ihren Jungen vernachlässigt, und deshalb sei er krank geworden. Das ist nur ein Beispiel von vielen. Eine Mutter erinnert sich weinend, daß sie ihre sterbende Mutter allein gelassen hat, und sagt, das sei nun die Strafe. Ein Vater sagt: „Ich habe doch immer versucht, alles richtig zu machen, warum muß der Junge sterben?" Und auch die Kinder fragen: „Warum denn gerade ich?" und suchen nach ihrer Schuld. Ein kleines Mädchen sagt traurig: „Der liebe Gott hat mich nicht mehr lieb." Und die Geschwister grübeln, ob sie sich zuviel gestritten haben, und fürchten, zur Strafe ebenfalls krank zu werden. Wir sagen den Kindern und Eltern, sie seien nicht schuld an der Erkrankung, können ihnen aber nicht erklären, wie der Krebs entstanden ist, und können nicht mit Sicherheit sagen, ob ein Kind gesund werden wird.

Die Welt der Onkologie ist eine Welt der Unsicherheit und Unzuverlässigkeit. Häufig können wir Kindern und Eltern heute nicht sagen, was morgen auf sie zukommt, und das verunsichert sie und macht sie traurig. Wir wissen selber nicht, ob morgen das Fieber kommt, ob sie weiterbehandelt werden können, ob ein Rückfall kommt. Wir können ihnen nur sagen, daß sie sich darauf verlassen können, daß wir alles mit ihnen vorher besprechen werden, was wir mit ihnen tun, daß wir mit ihnen gemeinsam gegen ihre Krankheit kämpfen werden und daß wir dasein werden, wenn sie uns brauchen.

Die Welt der Onkologie ist eine Welt des Verlustes und der Trauer. Der Verlust der psychischen Integrität, der beginnenden Selbstbestimmung, wird vor allem von den Jugendlichen außerordentlich schmerzlich empfunden. Aber eine noch tiefere Kränkung des Selbstwertgefühls ist der Verlust der körperlichen Integrität durch verstümmelnde Operationen. Es ist schrecklich, Kinder zu sehen, die ihre Beine verlieren, die ihre Arme verlieren, und wir versuchen ihnen zu helfen, ihre tiefe Wut und Hilflosigkeit zu äußern und um ihr verletztes Selbstbild zu trauern.

Für alle krebskranken Kinder, vor allem aber für die verstümmelten Kinder und ihre Familien ist die Welt der Onkologie eine Welt der entsetzlichen Schwierigkeiten mit der Umwelt, mit der Schule, mit Nachbarn und Freunden, die wissentlich oder unwissentlich die Kinder im Stich lassen. Für ein Kind, das erleben muß, daß seine Freunde sich von ihm zurückziehen, weil es krank ist, bricht eine Welt zusammen. Und so ist die Welt der Onkologie häufig eine Welt der Isolation für das Kind und seine Familie. Viele Kinder erleben sich wie im Gefängnis. Unserer Meinung nach ist das nicht nötig, aber zu unserem Kummer sind wir sehr selten in der Lage, von der Klinik aus hier etwas zu ändern.

Erfolg oder Mißerfolg der Medizin werden heute daran gemessen, ob ein Patient, unter welchen Umständen auch immer, am Leben bleibt. So gesehen ist die Welt der Onkologie eine Welt der Erfolglosigkeit der Medizin, ein Drittel der Kinder stirbt trotz Chemotherapie, Radiotherapie und chirurgischer Eingriffe.

Das Sterben wird in unserer Gesellschaft ausgeklammert, Sterbende werden in die Klinik abgeschoben, über Sterben spricht man nicht. Viele Eltern haben die irreale Vorstellung, solange sie den Tod nicht benennen, können sie ihn von ihrem Kind fernhalten. Weinende Mütter oder Väter, die ihren Schmerz und ihre Trauer zeigen, erregen peinliches Aufsehen, sie bringen diejenigen aus dem Gleichgewicht, die die Wirklichkeit nicht sehen wollen.

Lebensbedrohlich kranke oder sterbende Kinder sind in ganz besonderem Maße auf ihre Eltern angewiesen. Schweigen die Eltern, so schweigen auch sie und versuchen mit ihren Ängsten und Phantasien allein fertig zu werden. Verleugnung und innere Vereinsamung gehören ebenso zusammen wie Nähe, miteinander offen zu sein und sich mit der Wirklichkeit auseinanderzusetzen.

Die Welt der Onkologie muß eine Welt der Wahrheit sein.

Wenn ein Kind, von der Liebe seiner Eltern gehalten, in gegenseitigem Vertrauen die Monate und Jahre seiner Lebensbedrohung als gemeinsamen Kampf erlebt, wird es körperlich gesund werden können, ohne seelischen Schaden zu erleiden, wird es auch, ohne sich verlassen zu fühlen, sterben können. Ein Jugendlicher sagte: „Wenn ich nicht weiß, was mit mir ist, wie soll ich dann wissen, wofür ich kämpfe?" Die Wahrheit sagen heißt: sagen, was hier und jetzt ist, nicht der Zukunft vorausgreifen, wie viele mißverständlich glauben.

Über unsere Aufgabe hinaus, einem Kind rein medizinisch zu helfen, ist es unsere Aufgabe als Mittler zwischen Eltern und Kind, den Dialog nicht entgleisen oder abbrechen zu lassen. Gelingt uns das nicht, verbieten uns Eltern, mit ihren Kindern über die Krankheit, über das Sterben zu reden, so ist es für uns bitter, mit ansehen zu müssen, wie Kinder in geradezu beängstigender Ruhe und Heiterkeit alles über sich ergehen lassen und nur das Angespannte ihres Ausdrucks und gelegentlich durchbrechende, lachend geäußerte Aggressionen ihren inneren Kampf ahnen lassen.

Wir versuchen alles, damit die Kinder zu Hause sterben können. Es ist sehr traurig, wenn wir dann, mit wenigen Ausnahmen, nicht in der Lage sind, die Kinder zu besuchen, weil sie zu weit entfernt wohnen. „Ärzte und Schwestern sollten mehr Zeit für ‚Seelsorge' haben", sagte ein Kind.

Wir gehen einen langen Weg miteinander, oft sind es Jahre gemeinsamen Kampfes von Kindern und Eltern, Ärzten, Schwestern, dem Psychologen, dem Seelsorger, den Erzieherinnen aus dem Spielzimmer. Es entstehen Bindungen. Kinder wollen von ihrem Lieblingsarzt den Tropf gelegt bekommen, eine Schwester, die sie besonders ins Herz geschlossen haben, soll sich um sie kümmern. Es finden intensive Gespräche statt, auch von Eltern untereinander, die sich in einer Selbsthilfegruppe zusammengefunden haben.

Die Welt der Onkologie ist eine Welt des Aufeinanderangewiesenseins und der Verläßlichkeit. Die Kinder wollen leben, und sie kämpfen mit unendlicher Tapferkeit, Ausdauer und Geduld. Sie entwickeln ungeahnte seelische Kräfte, um die existentielle Bedrohung, von der sie wissen, zu überwinden oder, wenn das nicht gelingt, sich mit dem Sterben auseinanderzusetzen, zu trauern. Ein achtjähriger Junge sagte nach dem zweiten Rückfall zu seiner Mutter: „Nun muß ich mich von allen trennen, die ich lieb habe." Die meisten Mütter und Väter versuchen alles ihnen nur mögliche, um ihren Kindern zur Seite zu stehen, immer wieder von der entsetzlichen Angst verfolgt, sie zu verlieren. Eine Mutter sagte wenige Tage vor dem Tod ihres vierjährigen Kindes zu ihm: „Ich wollte, ich könnte das auf mich nehmen." Viele Mütter und Väter denken so, auch wenn sie noch andere Kinder haben.

Kinder und Eltern wissen, daß sie sich auf uns verlassen können, daß wir dasein werden, um ihnen Mut zu machen oder um mit ihnen zu trauern. Wir sind aber auch da, um uns mit Kindern und Eltern zu freuen über Fortschritte, die sie auf dem Weg des Gesundwerdens machen. Es gibt heute schon sehr viel mehr Kinder, die überleben, und die brauchen ebenso unsere Hilfe, bis sie sich wieder sicher fühlen und den Weg zurück in die Welt der Gesunden gefunden haben, wie die Kinder, die sterben.

Es gibt nicht nur Niederlagen und Trauer, die Welt der Onkologie ist auch eine Welt der Hoffnung und der Freude, der Freude über jedes Kind, das körperlich geheilt wurde und auch sonst mit dieser Krankheit, die so schrecklich für es war, fertig geworden ist, über jede Familie, die sich in der Zeit der Bedrohung näher gekommen ist, und über jedes Kind, das in liebevoller Nähe zu seinen Eltern sterben konnte.

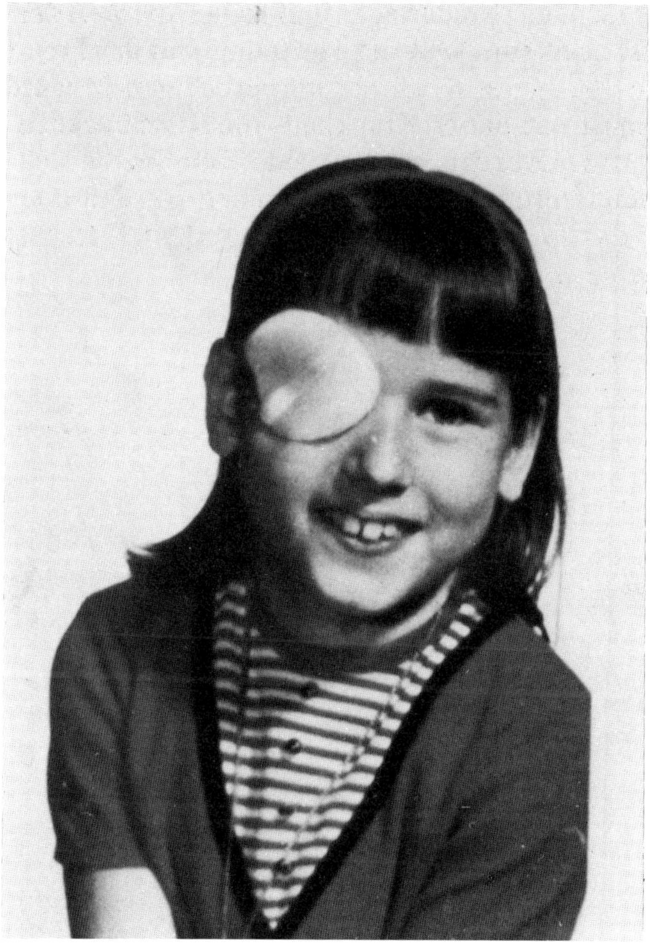

Grace Patricia Kelly

Vom Kaufen und Verkaufen

Für euch trägt die Erde ihre Früchte, und ihr werdet nicht Mangel leiden, so ihr nur wisset, eure Hände zu füllen.
Im Austausch der Gaben dieser Erde werdet ihr Fülle finden und gesättigt werden.
Doch geschieht dieser Austausch nicht mit Liebe und milder Gerechtigkeit, so führt er nur die einen zur Habgier und die anderen zum Hunger.
Arbeiter des Meeres, der Felder und der Weinberge, so ihr zusammentreffet auf dem Marktplatze mit den Webern und Töpfern und Sammlern von Gewürzen,
Beschwöret den hehren Geist der Erde, auf daß er erscheine in eurer Mitte und heilige die Waage und die Berechnung, die Wert gegen Wert wiegt.
Und duldet nicht in euren Geschäften die Teilnahme derer, die mit leeren Händen kommen und ihre Worte gegen eure Ware verkaufen möchten.
Zu jenen sollet ihr sagen:
„Kommt mit uns zum Felde, oder fahret mit unsren Brüdern zur See und werfet eure Netze aus;
Denn Land und Meer schenken in reicher Fülle, euch wie uns."
Und kommen Sänger und Tänzer und Flötenspieler, so kaufet auch von ihren Gaben.
Denn auch sie sind Sammler von Früchten und Weihrauch, und was sie bringen, so auch aus Träumen gebildet, ist Kleidung und Nahrung für eure Seele.
Und ehe ihr den Marktplatz verlasset, sehet zu, daß keiner davongehe mit leeren Händen.
Denn der hehre Geist der Erde wird nicht friedlich ruhen überm Winde, bis gestillet seien die Nöte der Geringsten unter euch.

Kahlil Gibran

Von der Freundschaft

Dein Freund ist die Antwort auf deine Not.
Er ist das Feld, das du besäst mit Liebe und worauf du erntest mit Dankgebeten.
Und er ist dein Tisch und dein Herd.
Denn du kommst zu ihm mit deinem Hunger, und du suchst bei ihm deinen Frieden.
Äußert dein Freund frei seine Meinung, so fürchte nicht das „Nein" in deiner Meinung noch halte mit dem „Ja" zurück.
Und schweigt er, so lasse dein Herz nicht ab, auf das seine zu lauschen;
Denn in der Freundschaft werden alle Gedanken, alle Wünsche und Erwartungen geboren und geteilt, ohne Worte, und mit einer Freude, die keines Beifalles bedarf.
Scheidest du von deinem Freunde, so gräme dich nicht;
Denn was du am meisten an ihm liebst, mag in seiner Abwesenheit klarer werden, wie der Berg dem Wanderer von der Ebene aus klarer erscheint.
Und deine Freundschaft verfolge kein weiteres Ziel als ein Vertiefen des Geistes.
Denn Liebe, die etwas sucht außer der Offenbarung ihres eigenen Mysteriums, ist nicht Liebe, sondern ein ausgeworfenes Netz: und nur das Wertlose wird darin gefangen.
Das beste, was du hast, sei für deinen Freund.
Wenn er um die Ebbe deiner Flutzeiten wissen muß, so lass' ihn auch um deren Hochwasser wissen.
Denn was wäre dein Freund, so du ihn nur aufsuchtest, um Stunden totzuschlagen?
Suche ihn stets nur, um Stunden mit ihm zu erleben.
Denn er ist da, um das Fehlende in dir zu füllen, nicht deine Leere.
Und zu der Süße der Freundschaft geselle sich auch das Lachen und geteilte Lust.
Denn im Tau kleiner Dinge findet das Herz seinen Morgen und seine Erquickung.

Kahlil Gibran

Wer nicht gelernt hat zu spielen, wird auch nicht lernen zu lernen

Können Kinder noch spielen? Können sie noch in die eigene Phantasie versinken, die wir „Kinderwelt" nennen?
„Du hast doch alles, warum spielst du nicht?"
„Spiel doch mal, wir haben als Kinder auch immer gespielt!"

Aufforderungen zum Spielen, die genervten Erwachsenen nur zur Ruhe verhelfen sollen?
Unsere Straßen dienen dem Autoverkehr. Wohnsilos vertragen keinen Lärm, Hinterhöfe bieten Autos, nicht Kindern Platz. Unsere Städte sind zubetoniert. In den meisten Fußgängerzonen haben die Bänke nicht einmal Rückenlehnen, damit Kinder darauf nicht herumturnen.
Verwiesen wird auf Spielplätze, Gettos mit TÜV-geprüfter Schaukel und Wippe. Serienproduktionen der Spielzeugindustrie – in jedem Stadtteil anzutreffen.
Wo finden Kinder Freiräume, die kreatives Spiel erst ermöglichen? Kinder können spielen. Nur die Erwachsenen müssen das Spielen wieder erlernen. Wenn wir wieder lernen mitzuspielen, werden wir auch wieder in der Lage sein, die Umwelt so zu gestalten, daß alte und neue Spiele möglich sind.

Zitate aus der Antwort der Bundesregierung zur LEBENSSITUATION DER KINDER in der Bundesrepublik Deutschland (Drucksache 10/4223 vom 8. 1. 1986)

Freiflächen, auf denen Kinder gefahrlos spielen können, gibt es besonders in den Ballungsgebieten kaum noch. Hier müssen mit planerischen Maßnahmen Spielmöglichkeiten geschaffen werden, um diesen Defizitzustand zu beheben.

Besonders unbefriedigend ist die Spielsituation für ältere Kinder (12 bis 16 J.). Obwohl in den Gemeinden in den letzten Jahren in zunehmendem Maße Spielplätze für Kinder aller Altersgruppen angeboten werden, sind Spiel- und Bolzplätze für ältere Kinder meist die Ausnahme. Spielplätze sind vorwiegend für Kleinkinder angelegt.

Eine einseitige Konzentration von Spielmöglichkeiten auf die Kinderspielplätze fördert allerdings eine Segmentierung von Lebensbereichen und isoliert Kinder von ihrem sonstigen Lebensumfeld. Hinzu kommt die heute von Fachleuten durchweg negativ beurteilte Trennung der Altersgruppen.

Daher schätzt die Bundesregierung die Verkehrsberuhigung nach allen bisher vorliegenden Erfahrungen auch in bezug auf die Spielsituation der Kinder positiv ein. Die gesetzlich vorgesehenen unterschiedlichen Verkehrsberuhigungsmaßnahmen leisten verschieden große Beiträge zur Verbesserung der Kinderspielmöglichkeiten.

Die größte Wirkung dürfte von der Einrichtung sogenannter verkehrsberuhigter Bereiche gemäß § 42 Abs. 4a StVO ausgehen; denn in diesen Bereichen sind Kinderspiele überall erlaubt, und der Fahrzeugverkehr darf – unter Einhaltung der Schrittgeschwindigkeit – die Fußgänger weder gefährden noch behindern.

Daneben sind aber auch weniger intensive Formen der Verkehrsberuhigung, wie z. B. Fahrbahnverengungen, Aufpflasterungen, Geschwindigkeitsreduzierungen oder auch die Einrichtung von Sackgassen und die Sperrung von sogenannten Schleichwegen, geeignet, beim Abbau des Spieldefizits der Kinder im Wohnumfeld zu helfen und damit zur Verbesserung der Spielsituation beizutragen.

Erste Zwischenberichte bestätigen die Wirksamkeit und Richtigkeit der Maßnahmen. Die Bundesregierung ermutigt daher Städte und Gemeinden, Maßnahmen der Verkehrsberuhigung insbesondere flächenhaft durchzuführen.

Hunderttausende denken,
einer allein kann
ja doch nichts ändern.

Das letzte Buch

Das Kind kam heute spät aus der Schule heim. Wir waren im Museum, sagte es. Wir haben das letzte Buch gesehen. Unwillkürlich blickte ich auf die lange Wand unseres Wohnzimmers, die früher einmal mehrere Regale voller Bücher verdeckt haben, die aber jetzt leer ist und weiß getüncht, damit das neue plastische Fernsehen darauf erscheinen kann. Ja und, sagte ich erschrocken, was war das für ein Buch? Eben ein Buch, sagte das Kind. Es hat einen Deckel und einen Rücken und Seiten, die man umblättern kann. Und was war darin gedruckt, fragte ich. Das kann ich doch nicht wissen, sagte das Kind. Wir durften es nicht anfassen. Es liegt unter Glas. Schade, sagte ich. Aber das Kind war schon weggesprungen, um an den Knöpfen des Fernsehapparates zu drehen. Die große weiße Wand fing an sich zu beleben, sie zeigte eine Herde von Elefanten, die im Dschungel eine Furt durchquerten. Der trübe Fluß schmatzte, die eingeborenen Treiber schrien. Das Kind hockte auf dem Teppich und sah die riesigen Tiere mit Entzücken an. Was kann da schon drinstehen, murmelte es, in so einem Buch.

Marie Luise Kaschnitz

Mehr Fernsehprogramme

Wirkungen auf Kinder

● Mehr Fernsehprogramme bedeuten zwangsläufig auch längere Fernsehzeiten, vor allem für Kinder und Jugendliche. Das gilt insbesondere für bildungsferne Schichten und für Familien in Problemlagen.

● Mehr Fernsehen bedeutet – und zwar einerlei, was da geboten wird – zwangsläufig weniger eigene Aktivität. Ein Kind, das vor dem Bildschirm sitzt, spielt nicht, bewegt sich wenig, spricht nicht mit anderen, vollzieht nur nach und tut nichts selbst. Die Hoffnung, daß zumindest gute Kinderprogramme zu vermehrter Eigenaktivität anspornen, ist nach den bisherigen Erkenntnissen wohl wenig berechtigt. Von anderen Programmen und Werbesendungen gar nicht erst zu reden.

● Mehr Programme bedeuten auch für den jugendlichen Zuschauer letztendlich nicht größere Vielfalt im Progammkonsum, sondern fördern eher die einseitige Programmauswahl, also das „Mehr vom selben". Das heißt nicht zuletzt: Mehr Wahlmöglichkeiten fördern die bestehenden Bildungs- und Wissensunterschiede und ebnen sie nicht etwa ein. Man hat das „konwledge gap" genannt – aber es geht wohl nicht nur um Wissen, sondern auch um Verhalten und Empfinden, und das ist wahrscheinlich noch schlimmer.

● Mehr Fernsehen bedeutet immer mehr unverwertbare Kenntnisse über eine Welt, in der die Kinder nicht leben und immer weniger eigene Erfahrungen über die Welt, in der sie wirklich sind. Ein solcher Kontrast zwischen Fiktion und Realität muß verunsichern, verängstigen und frustrieren, nicht nur Kinder, aber vor allem sie.

● Und schließlich ist dann noch die Art, wie das Fernsehen „seine Wirklichkeit" strukturiert, das Bruchstückhafte, das Ausschnitthafte, die Zeitsprünge und schnellen Schnitte, die rasch wechselnde geistige und emotionale Anpassung an Kurzfristerlebnisse. Ich halte es für sehr plausibel, daß auf diese Weise ganz unbewußt vor allem bei Kindern und Jugendlichen eine Sprunghaftigkeit im Denken und Fühlen entwickelt wird, und daß damit manches zusammenhängt, was viele Eltern und Lehrer heute beklagen: mangelnde Konzentration, erst recht fehlende Geduld, geringe emotionale Belastbarkeit, Unfähigkeit zu längerfristigen Gefühlsbindungen, diffuse Larmoyanz, aber auch Verweigerung gegenüber der Realität, bedingungslose Hingabe an sektiererische Heilslehren, Flucht in Drogen oder oft unbegreifliche Aggressivität.

All das sind Symptome schon von heute. Wieviel mehr davon können wir uns, wollen wir uns noch leisten? Es ist eher schon zuviel.

Björn Engholm

EHE

gemeinsam
besitz
schaffen

gemeinsam
geschaffenen besitz
miteinander
besitzen

durch gemeinsam
geschaffenen besitz
einander
besitzen

Elfriede Haslehner

Unsere Hände sind gebunden,
unsere Gedanken besetzt,
unsere Zeit vollgestopft.
Die Barmherzigkeit
steht vor unserer Tür und klopft
vergeblich an.
Wir meinen immer,
es liege an den einzelnen Menschen,
dabei liegt es an unserer Lebensweise
und an den Gesetzen
unserer Gesellschaft.

aus: Politisches Nachtgebet in Köln

In einer großen Stadt wird das Leben zu einem künstlichen Dasein. Viele Menschen spüren kaum noch richtige Erde unter den Füßen, sie sehen kaum noch Pflanzen wachsen, außer in Blumentöpfen und lassen nur selten die Lichter der Straßen hinter sich; um den Zauber eines sternenübersäten Nachthimmels auf sich wirken zu lassen. Wenn Menschen so weit weg von all dem leben, was der Große Geist geschaffen hat, dann vergessen sie leicht seine Gesetze.

Tananga Mani

Teilansicht Hundertwasser-Haus in Wien

Früher haben Maler Häuser abgemalt
heute müssen die Maler Häuser erfinden
und es müssen die Architekten
die Häuser den Bildern nachbauen
denn die schönen Häuser gibt es nicht mehr
Hundertwasser

„Damit das Paradies
gleich ums Eck herum beim Nachbarn beginnt,
soll man nicht darauf warten,
sondern es selbst machen."

„Häßliches gebiert Häßlicheres,
Schönes bringt Schönes hervor."

Friedensreich Hundertwasser

Das Hundertwasser-Haus in Wien

Ich möchte auch in den bunten
Städten geboren sein
von denen die Häuser träumen
wo jedes Gesicht
versteht
und den Augenblick
überlebt
wo man bleibt
wenn man geht

Frederike Frei

Das Haus ist nicht mit normalen Maßstäben zu messen

So ist es unumgänglich, daß mit einer ganzen Reihe von überholten Bestimmungen gebrochen werden muß.
Diese Bestimmungen, Gesetze und Verordnungen sind zu einer anderen Zeit unter anderen Voraussetzungen zum Wohle und zum Schutze des Menschen geschaffen worden und richten sich jetzt, unter neuen Notwendigkeiten, gegen das Wohl der Umwelt und des Menschen.

Ohne menschengerechte Umwelt und ohne Frieden mit der Natur ist ein menschenwürdiges Dasein unmöglich.
Diese Friedensgespräche mit der Natur müssen bald beginnen, sonst wird es zu spät.

Mit autoritärer Disziplin und Selbstdisziplin geht das noch so recht und schlecht eine Zeitlang, kann das noch eine Weile aufgeschoben werden.
Dann jedoch rebellieren Körper und Seele, und wir wissen nicht warum.

Dieses Haus soll den ersten Ansatz eines Gespräches mit der Natur darstellen.
Wobei wir und die Natur gleichberechtigte Partner sind und nicht einer den anderen unterdrücken darf.

So müssen im ökologischen Haus Fensterrecht und Baumpflicht wiederhergestellt werden.
FENSTERRECHT bedeutet die Freiheit der schöpferischen Gestaltung des dem Bewohner zugewiesenen vorfabrizierten Wohnbereiches durch den Bewohner.

Dies betrifft insbesondere die Außenmauer seiner Wohnung. „Der Mensch muß die Möglichkeit haben, sich aus seinem Fenster zu beugen und, soweit sein Arm reicht, alles rosa zu bemalen, damit man von weitem, von der Straße, sehen kann: Dort wohnt ein Mensch."

Es muß auch gestattet sein, Kletterpflanzen an der Außenwand wachsen zu lassen.
Ob der Bewohner dann von diesem Fensterrecht Gebrauch macht oder nicht, ist seine Sache.
Den Staat, die Obrigkeit trifft dann keine Schuld, wenn die Fassaden in tödlich steriler Uniformität erstarrt bleiben und kann seine Hände in Unschuld waschen.

Der Mensch hat drei Häute.
Seine eigene, seine Kleidung und seine Behausung.
Alle drei Häute müssen ständig wechseln, sich erneuern, ständig wachsen und sich ununterbrochen wandeln, sonst stirbt der Organismus.

Mit dem Einzug des Bewohners muß die schöpferische Bautätigkeit des Bewohners erst beginnen und darf nicht vor seinem Einzug abgeschlossen sein.
Zusätzlich dazu gibt es widernatürliche Gesetze, die jede „eigenmächtige Änderung" am vorfabrizierten Haus strengstens verbieten.
Der Mensch wird so als verblödeter, rechtloser Sklave gehalten, dem jede schöpferische Tätigkeit und Umgestaltung SEINES EIGENEN Wohnbereiches unmöglich gemacht wird.

Der Mensch muß in ein verbrecherisches Haus einziehen, das fundamentale Gesetze der Natur und des Menschen mißachtet, und der Mensch darf das nicht selbständig ändern, obwohl er darin wohnt.

Wenn man verbietet, die Architekturhaut wachsen zu lassen wie seine eigene, ist das ein gefährliches Abwürgen des Lebens. Die gehemmten Energien entladen sich dann woanders: in Aggression und Depression, in Krankheit, Unglücklichsein, Scheidung, Selbstmord, Terrorismus, Vandalismus, Geisteskrankheit.

BAUMPFLICHT bedeutet die Wiederherstellung des Dialoges mit der Natur.
Es geht um eine fundamentale Kehrtwendung, um eine fundamentale Neuorientierung.
Ein tägliches Leben ohne intimen Kontakt mit Bäumen, Pflanzen, Erde und Humus ist menschenunwürdig.
Das Warten auf Ferien, Parkanlagen, Wienerwaldspaziergänge ist fast noch weniger als der tägliche Pflichtmarsch des Gefängnisinsassen im Gefängnishof.
Es handelt sich nicht darum, bewilligte Pflanzen in noch größerer Anzahl wie dekorative Möbelstücke in bewilligte Vasen, Kübel und Bottiche überall hinzustellen.
Auch nicht darum, mehr städtische gepflegte Rasenflächen anzulegen, sondern darum, der wildwachsenden Natur auch im Stadtbild zu ihrem Recht zu verhelfen.
Es ist doch so, daß ein „nicht bewilligter" Baum nicht wachsen darf, auch wenn er niemanden stört und allen gefällt.
Nur ein frei wachsender Baum ist ein wahrer Partner, der uns mehr gibt als wir ahnen.

Die Schwierigkeit, ein menschengerechtes Haus, noch dazu für andere Menschen, zu bauen, ist allen Architekten bekannt.
Die genormten vorfabrizierten Bauteile machen ein schnelleres, scheinbar billigeres Bauen möglich, kreative und natürliche Unregelmäßigkeiten jedoch unmöglich.
Ein menschenwürdiges Haus müßte so sein wie ein altes Bauernhaus.

Alle Fenster verschieden groß, nicht in einer Fluchtlinie und nicht in einer Ebene liegend, an verschiedenen, harmonisch organischen Stellen angebracht.

Die Stockwerke verschieden hoch, die unteren höher, die oberen niedriger.
Einige Balkone verschiedener Art und Größe ornamental und organisch angebracht.

Die Außenwand nicht perfekt glatt und flach wie Preßplatten, sondern natürlich, fast unmerklich buckelig, mit der Hand verschmiert oder aber mit Mosaik und Ornamenten durchzogen.
Die Stufen verschieden hoch, verschieden breit und in verschiedenen Materialien.
Wilder Wein, Efeu, Veitschi und Bäume müssen von Anbeginn an im Bauplan verankert sein.
Die Bäume müssen noch vor der oder zur Grundsteinlegung gepflanzt werden.

Humustoiletten und Kleinkläranlagen mit Wasserpflanzen an Ort und Stelle müssen die Wasserspültoiletten ablösen.
Denn unsere Wasserspültoilette ist gift- und seuchenerzeugend und Wasserverschwendung und kommt uns teuer zu stehen.
Denn unser Unrat muß durch lange Kanalsysteme in zentralisierte Anlagen geschafft werden, um nach irgendwelchen kostspieligen Methoden neutralisiert zu werden.

Das Vorsortieren und Wiederverwerten der Abfälle durch jeden einzelnen muß eine selbstverständliche und frohe Tätigkeit werden.

Verrottbares Material wird zu Humus.
Papier, Glas, Metall, Plastik, Stoffe, Holz und gefährliche Medikamente und Chemikalien werden getrennt abgelagert und abgeholt.

Zu dem Haus:
So viel wie möglich und noch mehr von diesen Grundsätzen für ein menschenwürdigeres, verantwortungsvolleres Wohnen sollten erfüllt werden.

1. Kinder müssen alle öffentlichen Wände zu ebener Erde zum Bekritzeln, Bemalen und Beritzen zur Verfügung haben so hoch ihre Hände reichen.
Die Resultate kommen allen zugute, da die kalte, herzlose

Anonymität durchbrochen wird. Es stellt sich eine Anonymitätsbeziehung her zum Haus, in dem das Kind und seine Eltern wohnen. Das Haus ist dann kein anonymer, feindlicher Klotz mehr. Diese Wände können mit 1 cm grauem Gips zum Beritzen und Bemalen versehen und einmal jährlich erneuert werden.

2. Gras und Bäume müssen auf allen waagrechten Flächen unter dem Himmel wachsen können, auch auf den Fahrstuhltrakten, dort wo im Winter der Schnee liegt, muß im Sommer alles grün sein.
Die Waagrechte gehört der Natur.
Die Senkrechte gehört dem Menschen.
Von der Vogelperspektive ist das Haus unsichtbar, da alles grün ist.

3. Zugang zu allen Grünflächen, auch von Mietern unter einem Grasdach und von Mietern schräg unter dem Grasdach. Solcherart verdoppeln sich die Wohnungen mit Zugang zu Dachgärten.

4. Ein Stück des alten Hauses, das abgebrochen wird, bestehend aus zwei übereinanderliegenden Fenstern mit Gründerzeitstuck, muß erhalten bleiben und in das neue Haus eingegliedert werden.
Damit die Geister des alten Hauses in das neue Haus übersiedeln können.
Das ist mehr als ein Talisman, mehr als ein Aberglaube.
Das ist eine Notwendigkeit, für die es ausführliche Beweise gibt.
Eine totale, restlose Zerstörung des alten Gemäuers wäre eine Nichtachtung des Vergangenen, eine Zerstörung der Basis, die sich bitter rächen würde.
Denn das neue Haus wäre zum Scheitern verurteilt, so wie alle anderen, die ohne diesen Grundsatz gebaut wurden.
5. Baummieter müssen in das neue Haus einquartiert werden. Baummieter sind Bäume, die aus Fenstern herauswach-

sen und solcherart die sterile senkrechte Hausfläche begrünen, belauben und bewalden.
Straßenbäume sind oft unmöglich wegen des Autoverkehrs und wegen der Untergrundanlagen, und Dachgärten sind von der Straße nicht sichtbar.
So bietet sich die senkrechte Wand zum Baumpflanzen an.
Der Baummieter benötigt einen minimalen Baum und bezahlt seine Miete in Sauerstoff, Schönheit, Romantik, mit seine Staubschluck- und -filtertätigkeit, als Klimaverbesserer, als Lärmdämpfer, Schattenspender und in vielen anderen haltbaren Devisen.

6. Die Erdflächen der Terrassen und Dächer werden 0,50 bis 1 m aufgeschüttet und reichen bis in Fensterbretthöhe, damit der Bewohner die Rasenflächen beim Sitzen in Augenhöhe hat.
Die Natur wird ihm so nähergebracht.
Er kann vom Fenster aus die Blumen und Gräser mit der Hand erreichen.
Ein intimeres, gesünderes Leben mit der Natur wird ermöglicht, damit der unter dem Grasdach Wohnende nicht in seiner Wohnhöhe eingeschränkt wird.
Damit mehr Erdreich auf den Dächern unterbracht werden kann, damit auch große Bäume wachsen.
Der Lichteinfall bleibt der gleiche.
Die Wohnungen sind genau so trocken und luftig wie andere, ohne Gras vor den Fenstern, haben sogar eine bedeutend bessere Luft durch den zusätzlichen Sauerstoff.

7. Der Gehsteig in der Löwengasse besitzt ein Arkadenvordach, das begrünt und mit Bäumen bepflanzt wird.
Der Gehsteig ist so wettergeschützt und hat trotzdem genügend Lichteinfall.
Die Wohnungen im ersten Stock haben Zugang zur Arkadenbegrünung und solcherart einen Dachgarten vor dem Fenster.

Die gegenüberliegenden Häuser haben statt einem grauen Gehsteig einen Blick auf Wiese und Bäume.

8. Die Stockwerke sollen sich nach oben verjüngen.
Unten größere Geschoßhöhe, größere Fenster. Oben kleinere Geschoßhöhe, kleinere Fenster.
Dies, damit eine demokratischere Verteilung von Licht und Luft gewährleistet wird.
Die neuzeitlichen gleichen Etagenhöhen verletzen das gleiche Recht aller auf Licht und Luft. Da die oberen Mieter privilegiert sind.
Die unteren Mieter aber benachteiligt werden.
Ein Kubikmeter Luft und Sonne ist eben nicht überall der gleiche Kubikmeter Luft und Sonne.

9. Die Außen- und Innenwände dürfen nicht perfekt glatt und flach mit der Latte abgezogen sein, sondern müssen mit der Hand belebt sein. Spezialisten und Maurer müssen für diese Aufgabe herangezogen werden, deren Ehre es ist, belebte Wände herzustellen.
Probeverputze müssen ab sofort in Angriff genommen werden.

10. Ich werde an der Außenfassade Keramik oder Mosaiklinien anbringen, damit die geometrischen rechteckigen Fenster, Kanten und sonstigen Strukturlinien entschärft werden und die moderne Struktur etwas vom bekannten aggressiven Terror verliert.

11. Das Haus soll eine Herausforderung sein.
Daß trotz Beton und industriellen Materialien natürlicher Baumbewuchs möglich ist.
Ja sogar, es soll der Beweis erbracht werden, daß sogar moderne Bauweise ein Stück Natur im Stadtzentrum ermöglichen kann.

12. Nach Fertigstellung des Hauses und Pflanzen der Bäume auf den Dächern, Terrassen und Arkadenvordächern und

Einpflanzen der Baummieter soll ein Jahr bzw. eine längere Zeitspanne verstreichen, wo die Vegetation Zeit hat, sich natürlich einzuwachsen.
Bevor die Mieter einziehen und die jungen Pflanzen eventuell zerstören.

13. Ein Budget muß geschaffen werden, um eventuelle Schäden an Dachgärten zu beheben, die Bäume zu pflegen und abgestorbene durch neue zu ersetzen.

14. Der Baumbewuchs soll möglichst natürlich, ohne gärtnerisches Zutun des Menschen vor sich gehen mit dem Ziel, ein Stück wahrhaft unberührter Natur erstehen zu lassen.
Keinen gepflegten, gestutzten immergrünen Schanigarten.
In dieser Hinsicht darf das Gras nicht geschnitten, das Laub, das auf die Grünflächen fällt, nicht entfernt werden.

15. Das Fensterrecht der Bewohner muß gesetzlich verankert werden.
Das Fensterrecht hört dort auf, wo der Nachbar geschädigt werden kann.

Warum sind Häßlichkeit und unmenschliche Bauweise erlaubt?
Warum gibt es dafür Bewilligungen?
Überall, wohin das Auge schaut, ist in Häßlichkeit erstarrte Scheußlichkeit.
Und für alle diese Häuser gab es Baubewilligungen. Warum sind Schönheit und menschenwürdige Bauweise nicht gestattet?
Warum ist der Weg zu einer menschenwürdigen Bauweise mit unüberwindlichen bürokratischen Hemmnissen versperrt?
Umgekehrt sollte es sein.
Helft mir endlich, den anonymen Perfektionismus zu beseitigen, damit eine inhaltsvolle neue Zeit beginnen kann.
Das Haus ist eine Zusammenarbeit zwischen einem Archi-

tekten und einem Maler, mit allen Begleiterscheinungen des Kompromisses zwischen Rationalität und machbarer unregelmäßiger Romantik.
Das ist ja das Interessante daran.
Dieses solitäre Beispiel ist eine längst fällige Notwendigkeit, das Antwort gibt, ob die jetzige Architektur auch anders sein und ausschauen kann.

Der Architekt ist mehr für das Innere, der Maler mehr für das Äußere zuständig.
Der Maler will Kreativität im Einklang mit den Gesetzen der Natur.
Der Architekt muß schauen, daß das Ganze nicht zusammenfällt.

Die scheinbaren Mehrkosten sind gar keine.
Denn sie werden durch eine höhere Lebensqualität, durch eine höhere Wohnqualität und durch Glücklichsein amortisiert.
Seelische Depressionen und Unglücklichsein kosten viel mehr Geld.
Nicht zu sprechen von den Kosten, die die Allgemeinheit für Ärzte, Spitäler, Medikamente aufzubringen hat.

Wenn Menschen in einer menschengerechten Umwelt wohnen können, die sie mitgestalten können, anstatt in einer anonymen, feindlichen, aggressiven Betonwüste,
dann fliehen sie nicht bei jeder Gelegenheit wie aus einem Konzentrationslager,
entweder aufs Land, in die Ferien, in Mittel, die die feindliche Umwelt vergessen machen oder übertönen.
Und das kostet auch viel Geld.

Es gibt mehr Lebens- und Arbeitsfreude, weniger Aggressionen und Vandalismus.
Auch das ist in Geld berechenbar.

Die Grasbedachungen vermindern Staub, Lärm, Heizkosten, erzeugen Sauerstoff, mindern Klimagegensätze.
Auch das sind Kostengewinne.
Die Bilanz ist auf alle Fälle positiv.

Das Haus ist kein Öko-Haus.
Denn es hat keine Sonnenkollektoren auf dem Dach, keine Humustoiletten, keine Windgeneratoren.
Es weidet kein Vieh am Dach, und Obst- und Gemüseernten werden kaum mit einem Schrebergarten konkurrieren können.

Trotzdem ist es ein ungewöhnliches Haus.
Denn es soll in dem Meer von rationellen Häusern eine Oase für Menschlichkeit und für die Natur sein. Es soll die Sehnsucht der Menschen nach Romantik verwirklichen.
Genau die Romantik, die die rationelle Architektur mit tödlich-sterilem Eifer negiert und auszumerzen sucht.

Alle freuen sich, nach Hause zurückzukommen.
Denn das Haus funkelt im Sonnenschein und im Mondlicht.
Es hat Brunnen, und man kann im Grünen sitzen.
Und man blickt mit Wohlgefallen auf die lebenden Mauern und auf die lebenden Fenster, die man selbst umgestalten darf, hinter denen man wohnt.

Hundertwasser

Universitätsgebäude Jodenbreestraße, Amsterdam
Bild: Wolfgang Hoppe

Das Recht auf Träume
ist das letzte Menschenrecht.
Nimmt man ihm die Träume,
geht er zugrunde.
Hundertwasser

KINDERLOS

Hätt' ich ein Kind
es wär mir so fremd
wie jedes

aber wir hätten unser
Leben lang Zeit uns
zu verstehn

Ich zeigte ihm Wiesen
und Zäune und
Wege

Ich lehrte es
nichts als zu
lernen

Die Wurzeln würde ich
gießen und nicht
die Blüten

Ich möchte ihm alles
sagen was ich
denke

und alles bedenken
was es
sagt

Vielleicht aber auch nur
Quatsch machen damit
es lacht

oder besser vergessen
was es
macht

Zur Gesellschaft
würd ich ihm
raten

doch zu keinem
einzigen
Gott

und rechtzeitig zeigen
daß andere täglich
anders denken

Ich riete ihm dort
zu stehn wo es
kann

Vielleicht
würden wir
Freunde

Aber wir lieben uns erst
wenn wir wissen
wie warum

Es soll keine Sonne werden
auch kein Planet nur
irgend ein Stern.

Noch hab ich genug
mit der Erde
zu tun.

Frederike Frei

Kinder sind unsere Zukunft

- Initiative für Verkehrsberuhigung
  von 1974 bis 1984 wurden im Straßenverkehr
  11.706 Kinder getötet und 648.333 verletzt
- Initiative für kindgerechtes Spielen
  es gibt kaum Freiflächen für Kinder
- Initiative „Freie Schule"
  fast ein Drittel aller Schüler nimmt Medikamente oder Psychopharmaka
- Initiative „Gewaltlose Erziehung"
  40.000 Kinder werden in einem Jahr schwer mißhandelt (der Deutsche Kinderschutzbund schätzt die Zahl auf 400.000)
- Initiative „Selbsthilfegruppe von Kindern, die mit Alkoholabhängigen leben"
  drei Millionen Kinder sind betroffen
- Initiative „Betreuung von Kindern, die durch die Arbeitslosigkeit der Eltern leiden"
  1984 bezogen 1.388.789 Menschen Sozialhilfe, davon waren 438.155 Arbeitslose mit mindestens einem Kind
  1985 bezogen 1.530.998 Menschen Sozialhilfe, davon waren 476.892 Arbeitslose mit wenigstens einem Kind
- Initiative „Hilfe für suizidgefährdete Kinder und Jugendliche"
  1.417 Kinder und Jugendliche beenden in einem Jahr ihr Leben selbst (Erwachsene etwa 13.000 pro Jahr)
- Initiative „Hilfe bei Pseudokrupp"
  etwa 16.000 Kinder sind betroffen
- Initiative „Betreuung krebskranker Kinder"
  pro Jahr erkranken etwa 1.700 Kinder an Krebs
- Initiative „Gegen Atomenergie"
  nach Tschernobyl wird die Zahl der Krebstoten steigen

Quellen: Bundesregierung Drucksache 10/4623; Deutscher Kinderschutzbund

Kirchliches Engagement für Ausstieg aus der Kernenergie

Die ungeachtet der Reaktorkatastrophe von Tschernobyl verfolgten Pläne zum weiteren Ausbau der Kernenergienutzung in Österreichs Nachbarländern werden in der katholischen und auch in der evangelischen Kirche Österreichs mit Besorgnis und Kritik verfolgt. Neben mehreren Bischöfen (im übrigen auch der designierte Wiener Erzbischof Dr. Groer), die – wie bereits berichtet – ethische Bedenken gegen die Kerntechnologie vorbrachten, meldeten sich zahlreiche weitere kirchliche Stimmen zu Wort, die eine Abkehr von einer „Fortschrittsgläubigkeit um jeden Preis" fordern und es als moralisch nicht verantwortbar werten, heute irreversible Fakten zu setzen, die die Lebensmöglichkeiten kommender Generationen gefährden. Die Katholische Aktion Österreichs äußerte „tiefe Sorge" darüber, daß man in Österreichs Nachbarländern die Nutzung der Atomenergie ungeachtet der Tragödie von Tschernobyl noch ausbauen wolle. „Österreich, das frei von Kernenergie und Atomwaffen ist, hat das moralische Recht und die Aufgabe, auch bei seinen Nachbarn auf ein energiepolitisches Umdenken zu drängen", zumal „nach Tschernobyl die Grenznähe von Atomanlagen nicht mehr das Hauptkriterium der Betroffenheit darstellen könne", heißt es in der Erklärung der Katholischen Aktion.

Mit freundlicher Genehmigung durch die „Katholische Presseagentur Wien"

Ernste Bedenken gegen weitere Kernkraftnutzung

In der katholischen (und auch evangelischen) Kirche in Österreich hat die Reaktor-Katastrophe in Tschernobyl zahlreiche Stellungnahmen ausgelöst, in denen durchweg ernste Bedenken gegenüber der Kerntechnologie und insbesondere dem weiteren Ausbau atomarer Anlagen zum Ausdruck gebracht wurden. Bereits vor der Volksabstimmung, bei der sich die österreichischen Bürger bekanntlich mit Mehrheit gegen die Inbetriebnahme des bereits errichteten Kernkraftwerkes Zwentendorf in Niederösterreich entschieden, hatten sich starke kirchliche Gruppen für ein Nein zur Atomkraftnutzung engagiert. In diesen Bedenken sieht man sich nun durch das Atommeiler-Unglück in der Ukraine bestätigt. Vor diesem Hintergrund gilt die besondere Sorge der österreichischen Bevölkerung den grenznahen Atomkraftwerken in der CSSR und in der Schweiz sowie der geplanten atomaren Wiederaufbereitungsanlage im bayerischen Wakkersdorf. Neben führenden Politikern alle Parteien haben sich auch zahlreiche Vertreter der Kichen zum Anwalt dieser Sorge gemacht.

Der Salzburger Erzbischof Dr. Karl Berg wandte sich in diesem Zusammenhang auch an seine bayerischen Amtskollegen. In Briefen an den Münchener Kardinal Wetter und den Regensburger Bischof Müller spricht Erzbischof Berg von einer „berechtigten Sorge" der Bevölkerung. Er bittet seine bayerischen Amtskollegen mitzuhelfen, daß die Angst der Menschen nicht noch vermehrt wird, sondern daß man sich nach Möglichkeit „für weniger gefahrvolle Zukunftstechnologien" entscheide.

Der Linzer Oberhirte Maximilian Aichern veröffentlichte ein vielbeachtetes Bischofswort mit dem Titel „Zu unseren

Lebensbedingungen nach Tschernobyl". Es gipfelt in der Feststellung, daß „Bau und Betrieb von Kernkraftwerken und ähnlichen Anlagen unter den heutigen Gegebenheiten ethisch nicht mehr vertretbar" erscheinen. Der Linzer Bischof fühlte sich zu seinen Aussagen – wie er betonte – aus tiefer Verbundenheit mit den Menschen veranlaßt, die nach der Reaktor-Katastrophe von Tschernobyl von Unsicherheit, Sorge und Angst erfüllt seien. Das Bischofswort wurde am 22. Juni, den die katholische Kirche in Oberösterreich als „Tschernobyl-Sonntag" beging, bei allen Gottesdiensten verlesen bzw. als Grundlage für die Predigten der Seelsorger herangezogen. In mehreren österreichischen Diözesen wurde das Bischofswort Aicherns den Priestern bzw. Pfarrgemeinden vom Ordinariat bzw. von der Katholischen Aktion mit der Einladung übermittelt, es zum Anstoß für Überlegungen in den Gemeinden zu nehmen.

Der Salzburger Erzbischof Berg stellte sich ausdrücklich hinter das Bischofswort des Linzer Oberhirten und bezeichnete es in einem Rundfunk-Interview als „wohlüberlegte Aussage". Von der Katholischen Aktion Österreichs wurde das Bischofswort Aicherns gleichfalls begrüßt. Auch sie plädiert in einer Erklärung dafür, „weltweit und so rasch wie möglich von der Kernenergie Abschied zu nehmen", da das sogenannte „Restrisiko" der Atomtechnologie „sittlich nicht akzeptierbar" sei. In der Erklärung wird dagegen protestiert, daß man ungeachtet der Reaktor-Katastrophe von Tschernobyl in mehreren Nachbarländern Österreichs auf einen weiteren Ausbau der Kernenergie setze und dabei „ungerührt" sogar zusätzliche Risiken eingehe.

Mit freundlicher Genehmigung durch die „Katholische Presseagentur Wien"

Beitrag der Christen zu Frieden und Gerechtigkeit

Ansprache des Bundespräsidenten auf dem Deutschen Katholikentag in Aachen.

Bundespräsident Richard von Weizsäcker hielt anläßlich des 89. Deutschen Katholikentages in Aachen am 12. September 1986 folgende Ansprache:

Liebe Teilnehmer des 89. Deutschen Katholikentages!

I.

Ein großes wichtiges Thema haben wir uns heute gestellt. Wir sind dieses Jahr zu Gast in Aachen. Einst war diese Stadt Symbol der Einheit. Sie war es für den christlichen Glauben und für das politische Europa.

Karl der Große gab dem Gedanken des christlichen Abendlandes von hier aus konkrete Gestalt. Europa wurde eine politische und geistige Vormacht.

Heute aber sind es Spannungen und Spaltungen, die Europa kennzeichnen. Ideologien, Gesellschaftssysteme, Wirtschaftsordnungen, politische Blöcke trennen unseren Kontinent.

Auch als Christen sind wir getrennt und leiden darunter. Die Ökumene ist eine noch nicht erfüllte Hoffnung.

Was bedeutet das alles für Europa? Was wartet auf uns? In der weiten Welt findet man Enttäuschung, Desinteresse und manchmal gar Schadenfreude uns gegenüber. Es gibt aber auch große Erwartungen an uns. Sie sind oft größer als unser Anspruch an uns selbst. Fehlt uns der Mut? Das Zutrauen zur eigenen Kraft?

Zutrauen zu fassen erfordert zu wissen, woher wir kommen,

wer wir sind, vor allem aber, welche Aufgaben sich der Welt stellen und welchen Beitrag wir dazu leisten können.

II.

Europa, das ist eine Vielfalt von Völkern und Überlieferungen. Sie haben sich aber aus denselben Wurzeln entwickelt. Griechisches Denken, Römisches Recht, christlicher Glauben sind die prägenden Einflüsse aus alter Zeit. Humanismus, Renaissance und Reformation führten zur Aufklärung und zur modernen Wissenschaft.

Diese verbreitete sich von Europa aus über die Welt. Auch die Grundgedanken des modernen Staates sind von Europa ausgegangen. Die Grundsätze der amerikanischen Verfassung, die Grundwerte der Freiheit, Gleichheit und Brüderlichkeit in der Französischen Revolution, Sozialismus, Demokratie – sie alle haben ihre Wurzeln in Europa.

Stets bestand der Reichtum unseres Kontinents in seiner Vielfalt. Seine politischen Großmächte hielten sich im Gleichgewicht, ohne eine dauernde Vorherrschaft zuzulassen. Erst die beiden Weltkriege dieses Jahrhunderts – erweiterte europäische Bruderkriege – verlagerten die Zentren der Weltpolitik an den Rand des Kontinents und über den Atlantik.

Zu den größten Problemen der heutigen Welt haben wir Europäer ganz wesentlich beigetragen. Was kann Europa tun, um bei ihrer Bewältigung aktiv mitzuarbeiten? Was sind die wichtigsten Aufgaben?

– Die Schöpfung zu bewahren,
– die Gerechtigkeit zu fördern,
– den Frieden zu schaffen.

Europa scheint zuweilen eine Weltmacht nur im wirtschaftlichen Sinn geblieben oder wieder geworden zu sein. Wo aber sind seine geistig-politischen Kräfte, um zu einer menschlichen Welt beizutragen?

III.

Europa war Ausgangspunkt und Zentrum der neuzeitlichen Naturwissenschaft und Technik. Der Mensch erfreute sich seiner Erfindergabe. Damit machte er sich sein Leben bequemer, seinen wirtschaftlichen Ertrag höher, seine politische Macht größer.

Ein unvorstellbarer Fortschritt wurde erzielt, aber auch unabsehbare Gefahren heraufbeschworen. Heute wissen wir alle, welche lebensgefährlichen Entwicklungen wir eingeleitet haben. Der Haushalt der Natur, die Lebenschancen späterer Generationen, die Würde des Menschen überhaupt sind bedroht. Gemeinsam rücken wir in West und Ost der Grenzzone des Lebens und Überlebens bedrohlich näher.

Aussteigen aus der Wissenschaft und Technik können wir nicht. Aber wir können und müssen lernen, mit ihrer Hilfe die Schöpfung vor ihrer Ausbeutung, ihrer Manipulation und Zerstörung zu bewahren. Es gilt, die humanen und sozialen Kräfte unseres Kontinents zu mobilisieren: unsere Lebensansprüche einrichten, das eigene Haus in Ordnung bringen und vor allem unter den vielen Staaten Europas den Willen zu gemeinsamem Handeln finden.

Hier können Modelle entstehen, die die ganze Welt benötigt. Wie kein anderer Teil der Welt kann Europa gerade in seiner Vielfalt zum Test dafür dienen, daß es möglich ist, mit den großen Menschheitsfragen fertig zu werden, die kein Volk für sich allein bewältigen kann. Denn die Gefahren für Mensch, Natur und Zukunft scheren sich nicht um staatliche Grenzen oder um trennende Gegensätze unserer gesellschaftlichen Systeme.

IV.

Die Aufgaben, Schöpfung zu bewahren und Gerechtigkeit zu fördern, hängen eng miteinander zusammen.

Die Entwicklungsländer sind schwer belastet durch Verfall der Preise für ihre Rohstoffe, ihre hohen Importaufwendungen und geringen Exportraten, ihre Energiekosten und gewaltigen Schuldenlasten.

Gewiß, es gibt positive Beiträge, die von Europa ausgehen. Die Abkommen von Lomé gehören dazu, auch die Richtlinien, die zur größeren Unabhängigkeit afrikanischer Rohstoffpreise von den Preisschwankungen des Weltmarktes beitragen.

Wir leisten erhebliche Entwicklungshilfe. Aber dies alles genügt bei weitem nicht, um ein ausreichendes Maß von Gerechtigkeit zwischen Nord und Süd zu erreichen.

Europa kann Wege suchen und vorangehen. Leichter als die Supermächte kann Europa seine Hilfe dort konzentrieren, wo die Not am größten ist, nicht aber dort, wo politische Auflagen am willigsten befolgt werden. Es wirkt nur abstoßend in der Dritten Welt, wenn Industrieländer ihre Entwicklungspolitik zur Fortsetzung ihrer ideologischen Gegensätze mißbrauchen.

Europa kann im allseitigen Interesse den schwächsten Ländern des Südens ihre Schulden erlassen. Viele der Schuldnerländer suchen ihre Exportkraft zu steigern, aber man darf sie doch nicht dazu zwingen, ihre eigene Substanz zu exportieren. Sie benötigen die Fähigkeit zur eigenen Ernährung, zu Steigerung von Produktionen und Kaufkraft auf ihren eigenen Märkten. Vor allem brauchen sie die Chance zum sozialen Erfolg zu Hause, um nicht falschen Verführern von außen zu erliegen.

Zutrauen zur eigenen Kraft und Selbstachtung, das finden sie in den Quellen ihrer eigenen Kulturen, dort haben sie oft ein ganz anderes Verhältnis zur Natur, zum Recht, zu Leben und Tod, zu Ahnen und Kindern, zu falsch und richtig als unsere moderne Verstandes- und Computerwelt.

Unser Denken ist ihnen allzuoft fremd und eher verdächtig. Sie erleben kulturelle Besserwisserei. Auch aus unseren Beiträgen zu Befreiungsbewegungen und Befreiungstheologien hören sie unsere Vorstellungen und unsere sozialen Probleme heraus, nicht immer die ihrigen.

Was sie wollen und was wir ihnen schulden, ist mehr Gerechtigkeit der Chancen und sozialer Fortschritt auf der Grundlage ihrer Lebensweise, nicht der unsrigen.

V.

Untrennbar gehören auch Gerechtigkeit und Frieden zusammen. So steht es schon im Alten Testament.

Es scheint, als hinge der Weltfrieden allein von den beiden militärischen Weltgroßmächten ab. Zwei Bündnisse unter ihrer Führung teilen Europa heute auf – von den wichtigen neutralen europäischen Staaten abgesehen. Parallel zu den Militärbündnissen gibt es die beiden wirtschaftlichen Gemeinschaften in Ost und West.

Kann man überhaupt noch von Europa sprechen? Denken die Menschen in Budapest und Madrid an dasselbe, wenn sie Europa sagen? Oder in Prag und München? In Krakau und Aachen?

Gibt es heute ein lebendiges, spontanes Gefühl der Zusammengehörigkeit in ganz Europa? Oder hat sich die trennende Kraft von Gesellschaftssystemen und Machtbereichen allmählich gegen die Gemeinsamkeiten von Geschichte und Geographie durchgesetzt?

Wir wollen behutsam sein. Wir dürfen die Wirklichkeit nicht mit schönen Gefühlen überspringen, wir dürfen uns aber auch nicht verzagten Herzens in ihre Unabänderlichkeit schicken.

Es wäre unredlich, wenn ich verschweigen würde: Als Bürger der Bundesrepublik Deutschland stehe ich nicht zwischen beiden Lagern, die Europa teilen, sondern gehöre in eines, das westliche. Wir sind dazu nicht gezwungen. Aber würden wir unsere westlichen Partner verlassen, dann gäben wir nicht nur unsere Sicherheit preis, sondern auch unsere grundlegenden Überzeugungen, Werte und Ziele. Das dürfen und wollen wir nicht tun.

Die Grundlagen unseres Bildes vom Menschen, von seiner Würde, seinen Rechten und Verantwortungen, seinem Zusammenleben sind allgemeines Erbe europäischer Kultur. Das, was wir westlich nennen, ist nicht amerikanisch, sondern europäisch. Auch das, was die Amerikaner westlich macht, ist europäisch. Ihre Freiheitsidee wurzelt in unseren europäischen Gedanken. Darin sind wir ihnen unverbrüchlich verbunden, genauer gesagt: sie mit uns.

Etwas anderes ist die Weltmachtstellung der Amerikaner, die wir nicht teilen und in ihren Auswirkungen und Handlungsfolgen auch nicht immer leicht verstehen.

Von der anderen Großmacht, der Sowjetunion, trennt uns anderes und mehr: Uns unterscheidet nicht nur ihre Weltmachtposition, sondern auch ihre politische Kultur. Ich meine damit nur das System, nicht das russische Volk mit seiner Gefühlswelt und Seelenstärke; es hat eine tiefe Glaubenskraft und eine große, in Europa beheimatete Literatur.

Im Sinne von politischer Freiheit und demokratischer Mitbestimmung aber ist Europa bisher noch nie in dieses Riesenland hineingelassen worden. Darin unterscheidet es sich von der Mehrzahl seiner heutigen zutiefst europäischen Verbündeten.

Es gibt nun einmal Unterschiede und Gegensätze in Europa, nicht nur durch Machtgrenzen, sondern auch in der gesellschaftlichen Entwicklung. Sie nüchtern auszusprechen, ist ganz gewiß kein Ausdruck feindlicher Gefühle.

Nüchternheit ist eine christliche Tugend, wie die Bibel uns lehrt. Mit Schweigen über Gegensätze hinwegzugehen, damit täten wir dem Frieden keinen guten Dienst. Die Bewährungsprobe und Chance des Friedens fängt dort erst richtig an, wo wir vor Hindernissen stehen.

Allzuoft in der europäischen Geschichte haben wir diese Probe nicht bestanden. Unter Nachbarn und Brüdern haben wir haßerfüllte Kriege geführt. Wie oft haben die Menschen den Niedergang des Schönsten und Liebsten betrauern müssen und doch weiter Feindschaft untereinander geschürt.

Um so dringlicher ist heute der Aufruf an uns, unter uns Europäern selber die Zeichen für eine menschliche Welt zu setzen. Manchen großen Fortschritt haben wir geschafft. Zumal in Aachen spüren wir dankbar die Freundschaft, die zwischen Franzosen und Deutschen gewachsen ist.

Auf gutem Wege, wie ich hoffe, aber noch nicht am Ziel sind wir bei einem Kernstück europäischer Friedensaufgabe, beim Verhältnis zwischen Deutschen und Polen. Der Rechnungen und Gegenrechnungen sind in der Geschichte genug gewechselt.

Wir wollen und wir werden weitere Jahrhunderte Nachbarn sein. Wir werden die schweren Leiden der Menschen nicht vergessen. Aber wir wollen in gutem Geist und wahrhaftiger Erinnerung die Zukunft gestalten! Europa darf nicht unter uns leiden.

Grenzen mögen uns trennen. Es ist aber unser Menschenbild, unsere gemeinsame europäische Wurzel und Zukunft, die uns drängen, Grenzen nicht immer wieder in Frage zu stellen, sie nicht streitig zu machen, sie nicht verschieben zu wollen, sondern ihnen ihre Feindseligkeit, ihre Starre, ihren trennenden Charakter für die Menschen zu nehmen.

Ich bin dankbar dafür, daß uns diese Aufgabe hier auf dem Deutschen Katholikentag so klar vor Augen steht. Katholiken in unseren beiden Ländern haben eine Chance für unser Zusammenleben, die ihnen niemand abnehmen, in der sie keiner ersetzen kann.

Wir wollen alle miteinander unserem hohen, willkommenen Gast aus Krakau unter uns nichts zumuten, was beschwerlich für ihn sein könnte. Aber wir wollen ihm bewegten Herzens danken, daß er den Weg hier zu uns auf einen deutschen Marktplatz gefunden hat. Und wir wollen ihm durch unser Verhalten die Gewißheit geben, daß es für ihn der Mühe wert war, heute in unserer Mitte zu sein.

Je menschlicher Polen und Deutsche zueinander stehen, desto wirksamer können sie ihre Rolle in ihrem jeweiligen Bündnis spielen. Es geht nicht darum, Bündnispartnerschaft aufzulockern oder die Bündnisse zu untergraben. Sicherheit ist ernst zu nehmen, und damit auch die Bündnisse.

Freilich: Waffen schaffen nicht nur Sicherheit. Je zahlreicher und technisch perfekter sie werden, desto mehr wachsen auch neue Gefahren heran. Deshalb bedarf es um der Sicherheit willen ganz dringend der Rüstungskontrolle und Rüstungsminderung.

Verteidigung und Entspannung gehören untrennbar zusammen. Erst wenn sie Hand in Hand gehen, ergeben sie Sicherheit. Wir haben auch nur dann Sicherheit, wenn der andere sie ebenfalls hat. Was uns in Europa überhaupt nicht mehr trennt, sind die Gefahren, die uns bedrohen.

Wir Europäer, die wir keine Supermächte sind, können sehr viel tun – jeder in seinem eigenen Lager und über die Bündnisgrenzen hinweg –, um streitende Mächte ins Gespräch zu bringen und Kompromisse zu suchen. Gewiß nehmen wir Gegensätze der Macht und Ideologie sehr ernst. Auch wissen wir, wie oft Propaganda im Spiel ist.

Aber nicht alles ist Propaganda. Wir und unsere Partner brauchen die Einsicht, auch beim Gegner Vernunft wahrzunehmen und ihm deshalb auch unsererseits mit Vernunft zu begegnen. Letzten Endes läßt sich der Frieden nicht mit Waffen sichern, sondern nur politisch und menschlich.

VI.

Gesellschaftliche Systeme trennen uns in Europa. Politische Grenzen sind zu respektieren, aber authentisch im Sinne kultureller Identität sind sie nicht. Den Sinn für die gemeinsame Kultur zu bewahren, das ist für uns in Europa entscheidend, damit wir uns nicht ganz an trennende politische Systeme verlieren.

Kultur ist in Europa kein Vorbehaltsgut des Westens oder des Ostens, sondern sie ist eine Sache des Gebens und Nehmens, der gegenseitigen Bereicherung.

Wieviel verdanken wir alle der Literatur und Musik aus Polen! Wo wird so lebendig über den Rang und Sinn europäischer Kultur und Zivilisation nachgedacht wie in Ungarn!

Wieviel haben christliche Theologen des Westens von den Gedanken Prager Philosophen über den Menschen gelernt! Wer hat zur Frau und ihrer Rolle in der heutigen Zeit so Bedeutsames gesagt wie Christa Wolf in der DDR?

Mit Kultur meine ich aber nicht nur die Leistungen einer Elite von Künstlern, Dichtern und Denkern. Kultur ist Sache von uns allen.

Sie ist die Art und Weise, wie wir die Welt sehen und wie wir leben. Sie ist ein System der Verständigung unter uns Menschen, und deshalb ist Kultur selbst ein Faktor des Friedens. Deshalb ist sie auch für unseren politischen Dialog in Europa so wichtig. Das Abkommen von Helsinki aus dem Jahre 1975 hat ihn uns aufgetragen. Es will das zusammengehörige Ganze der beiden Hälften Europas fördern.

Wir alle können dazu beitragen, vor allem auch wir Christen.

VII.

Darf ich hierzu noch einen Gedanken anfügen? Noch immer sind wir untereinander getrennt. Aber wir gehen aufeinander zu. Die ökumenische Bewegung hat ihre Chance nicht dort, wo man den anderen zu sich herüberziehen will, sondern wo man den Partner sucht, der in seinem eigenen Glauben verankert ist. Wenn die Ökumene dazu hilft, dem Unglauben zu wehren, sich gegenseitig im Glauben zu bestärken, wächst sie an Glaubwürdigkeit.

Es wäre ein Geschenk, wenn es uns dabei auch gegeben wäre, uns gegenseitig bei Gottesdienst und Feier der Messe als Gäste voll zuzulassen. Gewiß, ein Gastrecht ist noch nicht die Einheit, die nur Gott uns geben kann.

Wer aber den Gast, der nicht zur Familie gehört, aufnimmt und ihn wirklich ganz einbezieht, greift er Gott vor?

Im Gedanken der Gastfreundschaft gibt ja weder der Gastgeber noch der Gast das jeweils Eigene auf. In ihr wird aber das Ferne nahe, das Fremde vertraut, der Fremde wird der Nächste.

„Liebe Deinen Nächsten wie Dich selbst." Das Mahl, das wir feiern, ist doch ein Mahl der Liebe Christi. Kann es uns nicht helfen, näher zusammenzufinden?

VIII.

Die Vielfalt Europas ist Spiegelbild der Grundbedingungen des Zusammenlebens. Als Menschen müssen wir mit dem Andersartigen auskommen und selbst als der andere des Mitmenschen leben. Das gilt in der Familie und unter den Völkern. Wollen wir menschlich überleben, so müssen wir uns gegenseitig offenen Herzens annehmen.

Offenheit gegenüber dem anderen setzt eigene Verwurzelung voraus. Gegenseitiger Respekt blüht nicht in der allgemeinen Gleichgültigkeit.

Toleranz, das ist die Achtung vor dem Standort des anderen, die man gewinnt, wenn und weil man selber einen hat.

Die Vielfalt der Völker Europas ist die Grundlage unseres Zusammenlebens. Unsere Geschichte hat uns Europäer zu einer Leidensgemeinschaft gemacht.

Unsere Gegenwart vereint uns – allen Unterschieden zum Trotz – nicht nur in den Gefahren, sondern auch in der Verantwortung. Das ist unsere große Aufgabe und unsere Chance für den Frieden unter uns selbst und für eine menschliche Welt.

In diesem Geiste der Hoffnung grüße ich alle Teilnehmer des 89. Deutschen Katholikentages in herzlicher Verbundenheit.

Verbrannt sind meine Brüder und in den Tod geschwiegen.
Das hat man mir getan.

Josef Schumacher

Gruß zur Nacht

Zweitausend Jahre unterm Kreuz:
Umsonst?
Damals Ölberg,
jetzt Kristallnacht.
Dort Dornenkrone,
hier ein gelber Stern.
Einst Pilatus,
heute Pius,
doch überall
das gleiche Händewaschen.
Juda verrecke – kreuzigt ihn:
Der Unterschied
liegt in der Jahreszahl
und in der Zahl der Morde.

Kannst du nicht nur noch schreien?
Vor Schmerz und Scham
das eigene Eingeweide
dir aus dem Leibe reißen?

Du reißt kein Eingeweide.
Du wischt dir nur den Mund,
als sei garnichts passiert.
Nimm's leicht – nimm Scharlachberg.
Und Pepsodent
für strahlend weiße Zähne.

1962, Josef Schumacher

O bricht denn niemals der Dämonen Kraft?
Sieht niemand denn: die Schuld ist in uns allen?
Wo Unrecht fiel, seh' ich sich Unrecht ballen,
und Schuldige von Schuldigen bestraft.

Wer Schuld geduldet, ist in ihrer Haft.
Wer Schuld mit Schuld vergilt, ist ihr verfallen.
O wollen wir, der Finsternis Vasallen,
den Himmel nicht, den nur die Liebe schafft?

Ich ließ mit sehendem Aug' in dunklen Jahren
schweigend geschehn Verbrechen um Verbrechen.
Furchtbare Klugheit, die mir riet Geduld!

Der Zukunft durft' ich meine Kraft bewahren,
allein um welchen Preis! Das Herz will brechen.
O Zwang, Verstrickung, Säumnis! Schuld, o Schuld!

Carl Friedrich von Weizsäcker

„wollen von Nazi-Geschichte nichts wissen"

Die Geschichte eines Ratsantrags in einer Kleinstadt.

1985 – 40 Jahre danach – spaltet ein Antrag an den Rat eine Stadt in zwei Lager:

Sehr geehrter Herr Bürgermeister, wir beantragen für das Jahr 1986 eine Ausstellung: „Nationalsozialismus in unserer Stadt".

Begründung: Die Erforschung und Aufarbeitung der Geschichte unserer Stadt ist insgesamt bisher nicht in zufriedenstellender Art und Weise, vor allem, was die neuere Geschichte betrifft, geleistet worden. Es gehört aber zum selbstverständlichen Aufgabenbereich einer Kommune, dafür zu sorgen, daß die lokale Geschichte als konkret faßbarer Teil der Geschichte erforscht und festgehalten wird. Es sollte sich bei dem beantragten Projekt auch nicht um die einzige stadtgeschichtliche Forschung handeln, die in Zukunft durchgeführt wird. Es wäre denkbar und wünschbar, daß in den folgenden Jahren weitere Themenschwerpunkte aus der Geschichte unserer Stadt bearbeitet werden.

Die Notwendigkeit, sich so schnell wie nur möglich zunächst mit der Zeit des Nationalsozialismus zu beschäftigen, ergibt sich aus vielen Gründen: Keine Zeit innerhalb der neueren Geschichte hat weltpolitisch wie auch im Bewußtsein all derer, die sie miterlebt haben, so viele sehr schmerzliche Wunden hinterlassen wie die Zeit des Nationalsozialismus. Zu keiner Zeit wurde in einem zivilisierten Land solch unvorstellbar massenhafter staatlicher Terror und Mord begangen. Der dunkelste Abgrund der deutschen Geschichte muß deswegen auch im lokalen Rahmen durchleuchtet und verarbeitet werden, um daraus zu lernen, wie es möglich war, diese Gewaltherrschaft zu errichten, und auch örtlich zu sichern, um wachsam zu sein gegen alle Bestrebungen und Tendenzen, die in unserer Gesellschaft eine auf Vorurteilen, Feindschaft und Haß gegründete Politik verfolgen.

Daß am 30. Januar 1933 Adolf Hitler zum Reichskanzler ernannt wurde, steht in jedem Geschichtsbuch. Wie es aber dazu kommen konnte, daß in einem Dorf wie unserem, wo bei freien Wahlen die Nazis eine kleine Minderheit darstellten, die Machtübernahme ebenfalls vonstatten gehen konnte, die Gleichschaltung oder Auflösung aller Parteien und Vereine, das gehört auch den Schülern dargestellt und erklärt, um einen wirklichen Begriff davon zu erhalten, wie eine Gewaltherrschaft sich etabliert.

Wie Einschüchterung, Unterdrückung, Verfolgung und Tod aus „rassischen", politischen, religiösen und vielen anderen Gründen im überschaubaren Rahmen eines Dorfes vonstatten geht, das ist notwendige Ergänzung zu dem Grauen, das Geschichtsbücher oft nur in millionengroßen Zahlen zu vermitteln vermögen. Wie der Krieg und seine Folgen in jedes Haus, in jede Familie schmerzhaft eingegriffen hat, wie Zwangsarbeiter bis 1945 in unserer Stadt gelebt und gearbeitet haben und wie danach, solch konkrete Beschreibung kann oft mehr leisten als das Grauen in einer Größenordnung, die das menschliche Erfassungsvermögen übersteigt.

Notwendig ist neben der Auswertung schriftlicher Quellen die gesprochene Geschichte derer, die sie erlebt und erlitten haben. Das zwingt uns zur Eile, denn viele, die Entscheidendes beizutragen hätten, leben nicht mehr, und eine Mitbürgerin oder ein Mitbürger, die oder der 1933 gerade erwachsen wurde, ist heute über siebzig Jahre alt. Deren Berichte sind aber unverzichtbar, wenn die örtliche Geschichte zutreffend aufgearbeitet werden soll.

Es kann dabei nicht darum gehen, nach persönlicher Schuld oder Unschuld von einzelnen zu suchen, auch wenn eine lokale Geschichtsschreibung natürlich eine Beschreibung des Handelns von Personen beinhalten muß. Wenn in den 40er und 50er Jahren zu wenige derer, die verantwortlich waren, tatsächlich zur Rechenschaft gezogen wurden, dann kann es nicht dienlich und auch nicht mehr gerecht sein, den Versuch zu machen, heute damals Versäumtes nachzuholen.

Die Strukturen der Machtergreifung, Machterhaltung und Machtausübung der nationalsozialistischen Gewaltherrschaft in der Gemeinde und im Amt unserer Stadt, Widerstand, Anpassung, Resignation und Leiden bis zum Tod, der Versuch einiger, davon zu profitieren, und der mißglückte Versuch vieler, einfach so weiterzuleben, als wäre nichts passiert: das alles und viel mehr sollten Ausstellung und Dokumentation anschaulich machen.

Es ist sinnvoll, für Federführung und Planung der Ausstellung einen Arbeitskreis zu bilden. Es wäre wünschenswert, wenn außer Vertretern der Ratsfraktionen auch Vertreter der Kirchen, des Heimatvereins, von Seniorengruppen und der Schulen für die Mitarbeit gewonnen werden könnten. Auch weiteren Interessierten sollte der Zugang offen sein. Denkbar wäre auch, daß Schulklassen oder -kurse und Volkshochschulseminare sich zur Mitarbeit bereitfänden.

Anlage zum Antrag „Nationalsozialismus in unserer Stadt"

Folgende Fragestellungen und Themenschwerpunkte sollten in Ausstellung und Dokumentation behandelt werden:

Weltwirtschaftskrise in unserer Stadt
Wie wirkte sich die Weltwirtschaftskrise auf Landwirtschaft, Handel, Handwerk und Industrie in unserer Stadt aus? Wie viele Arbeitslose gab es? Wie lebten die, die Arbeit hatten, wie lebten die, die keine hatten?

Politische und gesellschaftliche Verhältnisse in unserer Stadt vor 1933
Welche Parteien gab es , wie stark waren sie, wie wählte unsere Stadt? Welche Rolle spielten Gewerkschaften, kirchliche und weltliche Vereine? Was schrieb die örtliche Presse?

Machtübernahme und Gleichschaltung in unserer Stadt
Wie fand die Machtübernahme im Dorf und Amt statt? Wie verhielten sich einzelne, Parteien, Kirchen, Vereine, Industrie, Handwerk, Handel, Landwirtschaft? Wo gab es Widerstand, wo Anpassung? Wie fand die Gleichschaltung von Presse und Vereinen statt? Gab es schon vorher undemokratische Strukturen, was die Gleichschaltung erleichterte?

Alltag im Nationalsozialismus
Wie sah der Alltag aus in Schulen und Fabriken, wie entwikkelte sich die kirchliche Arbeit, wie die der Vereine? Welche Rolle spielten die Partei und die von ihr abhängigen Organisationen, was waren die HJ, der BDM, die Deutsche Arbeitsfront, der Reichsnährstand in der Stadt? Wie war die Rolle der Frauen im nationalsozialistischen Alltag?

Wirtschaftliche Entwicklung im Nationalsozialismus
Wie entwickelten sich Industrie, Handwerk, Handel und Landwirtschaft bis 1939 und wie im Krieg? Wie waren die Ar-

beitslosenzahlen, welche Rolle spielten Reichsarbeitsdienst und Landjahr?

Verfolgte und Zwangsarbeiter in unserer Stadt
Wer wurde verfolgt und warum? Wie sah das aus? Gingen Transporte mit KZ-Häftlingen und deportierten Juden durch die Stadt, gab es Arbeitseinsätze von solchen Häftlingen? Wie reagierte die Bevölkerung? Wo gab es ausländische Zwangsarbeiter? Woher kamen sie, wie kamen sie nach hier, wie lebten sie, wie wurden sie behandelt?

Der Zweite Weltkrieg in unserer Stadt
Über direkte Kriegseinwirkungen gibt es verschiedene Berichte. Sie sollten eingebracht und ergänzt werden. Wie sah der Alltag in Schulen und Fabriken aus, wie in der Landwirtschaft, wie das religiöse und gesellschaftliche Leben?

Kriegsende und Nachkriegszeit in unserer Stadt
Wie sah das Leben in einem von Hunger und Mangel geprägten Ort aus, der gleichzeitig ein riesiges Lager für befreite Zwangsarbeiter war? Hier gibt es bereits Berichte, die zusammengetragen, ergänzt und überprüft werden sollten. Wo blieben diejenigen, die 1933-1945 die Macht ausgeübt hatten? Wie funktionierte die „Entnazifizierung" im Ort? Wer begründete wie das gesellschaftliche und politische Leben neu? Welche Rolle spielten die Engländer dabei? Welche Auswirkung hatte der Neubeginn auf Schulen und Fabriken? Wie wurde der Wiederaufbau von Gebäuden und Verkehrswegen, wie die Nahrungsverteilung organisiert? Wie wurde das Problem der Heimatvertriebenen angepackt und gelöst?

Diese Fragen und Themen, die noch ergänzungsbedürftig sind, sollten so behandelt werden, daß vor allem nachfolgende Generationen sich ein zutreffendes Bild von der schwärzesten Epoche unserer Stadtgeschichte machen können, als Mahnung vor allem an die Jüngeren, solche Verhältnisse nie wieder zuzulassen.

W. Hoppe

Nach der Veröffentlichung des Antrags gab es auf Veranstaltungen und in Gesprächen viele Stimmen zu der geplanten Dokumentation:

„Die Vereine wurden von Nazis gleichgeschaltet"

„Was wird jetzt also die beabsichtigte Dokumentation bringen? Ein junger Wissenschaftler wird die Vorgänge, die nur aus der damaligen Zeit heraus zu verstehen sind, kaum richtig interpretieren können. Hochbetagte verdiente Mitbürger werden sich erneut und diesmal von der jungen Generation für mehr oder weniger schuldig erklärt finden, und viele junge Menschen haben plötzlich einen Vater oder Großvater, der als böser Nazi erscheint, obwohl er sich in Wirklichkeit nur in Vereinen für seine Mitmenschen verdient gemacht hat."

„Die Handlungsspielräume müssen deutlich werden"

„Dabei wäre es wichtig, die damals handelnden Personen in ihren jeweiligen Entscheidungssituationen darzustellen, um erkennen zu lassen, wie stark die Zwänge waren, wie schwer es war, sich dem Zugriff des Staates zu entziehen. Es müßten aber auch die Handlungsspielräume deutlich werden, die selbst dann noch vorhanden waren.

Ein gutes Beispiel wäre der Bedienstete des Staates in der Situation: NSDAP-Mitglied oder nicht? Mußte er wirklich Mitglied werden oder war es nur bequemer? Wäre seine Sicherheit gefährdet gewesen oder nur seine Karriere? Konnte er nur in der Partei das Schlimmste verhüten oder hat er es dadurch erst ermöglicht . . . ?

Den lokalgeschichtlichen Ansatz halte ich auch deshalb für richtig, um der Jugend zu zeigen, daß Politik damals wie heute nicht nur von ‚denen da oben' gemacht wird, sondern daß Entscheidungen über Fortbestand oder Zerstörung der Demokratie im Verhalten jedes einzelnen fallen und von uns einzeln und gemeinsam verantwortet werden müssen.

Nur durch eine vielschichtige Betrachtung solcher Fälle kann Geschichte bilden, nur durch Konfrontation mit unserem eigenen Verhalten in heutigen, häufig viel einfacheren Entscheidungssituationen kann man diskriminierenden Pauschalverurteilungen entgehen, nur so kann Geschichte zur politischen Bildung beitragen."

„Weitere Desavouierung der älteren Generation"

„Aufgrund des Beschlusses des Hauptausschusses in einer seiner letzten Sitzungen und den ausführlichen Berichten in den Tageszeitungen erkenne ich eine Desavouierung der älteren Generation unserer Stadt.

In unserer damaligen Gemeinde lebten solide Menschen nach ihrer echt westfälischen Art. Hier hat es nur wenige Übergriffe aus den Reihen der ‚Nazi-Oberen' gegeben, im Gegensatz zu vielen anderen Orten in Deutschland."

„Gericht halten kann nur, wer es selbst erlebte . . ."

„Warum liefen die Menschen hinter Hitler wie hinter dem Rattenfänger von Hameln? Aus der Beantwortung dieser Frage(n) kann man Nutzen ziehen, hier und anderswo. Nur wird man ‚anderswo' die besseren Dokumentationen machen können – glaube ich.

„Kein Verständnis für den Antrag"

„Ich habe kein Verständnis dafür, daß nun noch einmal Untersuchungen stattfinden und Akten gewälzt werden sollen, um die im 1000jährigen Reich tätigen kleinen örtlichen Nazigrößen und deren Machenschaften neu aufzurollen."

Gegner der Dokumentation erklärten häufig, es habe im Höchstfall ohnehin nur „kleine Mitläufer" in dieser Stadt gegeben. Daß aber auch diese „kleinen Mitläufer" ein Terrorregime unterstützten, belegen mehrere Fälle, die bekannt wurden:

An einem Novembermorgen im Jahre 1941 holten Hitlers Häscher, begleitet von zwei angesehenen Beamten, die 38jährige Textilarbeiterin Anna R. aus ihrem Haus. Anna R. war von Kollegen in der Fabrik denunziert worden: Die Frau, erfuhr die Gestapo, habe ein Verhältnis zu einem polnischen Kriegsgefangenen.

Drakonische Strafen: Anna R. kam für zwei Jahre in ein Konzentrationslager in der Nähe von Ravensburg. Der Pole wurde Tage darauf, wieder in Anwesenheit der beiden Beamten, in einem nahen Waldstück an einem Baum aufgehängt. Zahlreiche Kriegsgefangene mußten – zur Abschreckung – Zeugen dieser Hinrichtung sein.

Dokumente aus einem düsteren Kapitel lokaler Geschichte gibt es noch in einigen Privatarchiven – sie beweisen, daß auch heute in der Kleinstadt niemand sagen kann, er habe „eigentlich nichts gewußt". So zeigt ein Foto, wie ein im Ort beliebter jüdischer Kolonialwarenhändler durch die Straße abgeführt wird – zahlreiche Bürger stehen am Straßenrand und schauen zu. In der Kristallnacht waren dem Juden die Scheiben zertrümmert worden.

Und als der an sich geachtete Kaplan, der auf der Kanzel mit seiner Kritik an Hitler nicht zurückhielt, eines morgens von der Gestapo geholt wird, drehen sich, so Zeitzeugen, Hunderte am Bahnhof einfach um.

In dieser Stadt wird es eine Dokumentation über den Nationalsozialismus geben. Den Gegnern dieses Anliegens hilft vielleicht eine Aussage von Iring Fetscher:

„Nicht ein anonymes Verhängnis hat damals gewaltet – sondern Frauen und Männer haben sich im Namen einer rassistischen Ideologie und eines primitiven Freund-Feind-Denkens in den Dienst der Menschenverfolgung gestellt. Die Mörder und Folterer und Quäler waren Menschen unseres Volkes – Menschen wie du und ich. Andere hätten sehen können, was geschah, erfahren müssen, was geflüstert wurde . . . aber es war leichter wegzublicken – wegzuhören." Es lebte sich gefahrloser, wenn man vorgab, nichts zu wissen! So war es während der Nazizeit – so ist es zum Teil heute noch!

Relief von Josef Schumacher

Ich muß das Unaussprechliche immer wieder aussprechen und gegen das Schweigen ankämpfen

Friedensnobelpreisträger Elie Wiesel

Papa, Charly hat gesagt . . .

„Wir" und die anderen . . .
oder
Identifikationsprobleme

von Ursula Haucke

Junge: Papa, Charly hat gesagt, sein Vater hat gesagt, *er* gewinnt *nie* ein Fußball-Spiel!

Vater: Nie? Wie traurig. Aber ich höre zum ersten Mal, daß er überhaupt Fußball spielt.

Junge: Er spielt ja gar nicht.

Vater: Er spielt nicht? Jameingott, wenn er nicht spielt, kann er natürlich nicht gewinnen!

Junge: Kann er auch nich. Das sagt er ja.

Vater: Das braucht er nicht zu sagen, das versteht sich wohl von selbst. Demnächst wird er noch erklären, daß er nicht im Stabhochsprung gewinnt!

Junge: Besser, als wenn er sagt, er *hat* gewonnen!

Vater: Ja sicher, jede Dämlichkeit läßt sich auch noch steigern . . .

Junge: Diese Dämlichkeit machen aber alle.

Vater: Was?

Junge: Ja! Alle, die vorm Fernseher hocken und Fußball angucken, die sagen nachher ganz stolz: „*Wir* haben gewonnen!"

Vater: Falls wir gewonnen haben; das mußt du schon dazu sagen. Aber *wenn* wir gewonnen haben . . .

Junge: . . . jetzt sagst du ja auch „wir", Papa! Und du spielst auch nicht Fußball!

Vater: Ich sage „wir", weil man sich meistens mit einer der beiden Mannschaften identifiziert. Besonders natürlich mit der deutschen Mannschaft bei internationalen Meisterschaften.

Junge: Man kann ja auch sagen: „Die deutsche Mannschaft hat gewonnen."

Vater: Kann man, ja. Macht man aber nicht. „Wir" ist erstens kürzer und zweitens zeigt es eben die . . . Verbundenheit.

Junge: Das ist dieses „Wir-Gefühl", nich?

Vater: Es ist das Gefühl der Zusammengehörigkeit. Dafür müßte ja nun gerade Charlys Vater großes Verständnis haben!

Junge: Wieso?

Vater: Er ist doch in der Gewerkschaft. Und die lebt schließlich von ihrem, immer wieder beschworenen, Zusammengehörigkeitsgefühl!

Junge: Und da bilden die sich was drauf ein?

Vater: Wenn sie mal wieder ihre Forderungen durchgesetzt haben, bestimmt.

Junge: Aber dann haben auch alle zusammengehalten, oder?

Vater: Das haben sie dann wohl.

Junge: Aber beim Fußball – da kann man doch gar nichts machen, damit die Deutschen ein Tor schießen!

Vater: Nein, man kann ihnen nur die Daumen drücken.

Junge: Da haben die aber nichts von.

Vater: Nein doch!

Junge: Und warum sagen die Leute dann „*wir* haben gewonnen", wenn sie gar nichts machen können?

Vater: Weil man als Deutscher eben *doch* indirekt an einem Sieg der deutschen Mannschaft beteiligt ist. Bis eine Spitzenmannschaft zusammen ist, kostet das eine Menge Geld, und wenn sich niemand für Fußball interessieren würde, und keiner würde Eintritt bezahlen fürs Zugucken – dann gäbe es auch keine deutsche Mannschaft.

Junge: Du meinst, da hat jeder was mit zu tun?

Vater: Genau. So ist es.

Junge: Das denkt Charlys Vater auch.
Vater: Das denkt er eben nicht!
Junge: Doch, denkt er.
Vater: Du erzählst mir doch die ganze Zeit, daß er dagegen ist, wenn jemand „wir” sagt!
Junge: Ja. Weil die Leute immer nur „wir” sagen, wenn's was zum Angeben ist. So mit „Wir sind wieder wer!” oder „Wir sind die Größten!”
Vater: Unsinn! Man kann sich genauso mit Niederlagen identifizieren.
Junge: Er hat noch nie gehört, sagt Charlys Vater, daß jemand sagt: „Heute haben wir ganz beschissen gespielt!”
Vater: (laut und ärgerlich) Das ist auch nicht zu wünschen, daß er so etwas zu hören bekommt!
Junge: Wegen „beschissen”?
Vater: Mußt Du noch eins draufgeben, ja?!
Junge: Ich hab doch nur gefragt! (Vater atmet tief durch) Charlys Vater meint jedenfalls: Wenn's was Gutes ist, dann sagen alle „wir”, und wenn es was Schlechtes ist, dann haben sie damit nichts zu tun!”
Vater: Woran denkt er denn da? An die Fußball-Rowdies vielleicht? Erwartet er, daß ich sage: „*Wir* haben beim letzten Spiel die halbe Tribüne auseinandergenommen?!” Oder was will er??
Junge: So'n Blödsinn will er garantiert nicht!
Vater: Na also!
Junge: Aber er will, daß jeder auch sagt: *Wir* haben schreckliche Sachen gemacht in der Hitler-Zeit.
Vater: Nun das schon wieder . . . Es genügt ja wohl auch, wenn man sagt: Es sind schreckliche Sachen passiert, in der Hitler-Zeit.

Junge: „Passiert" klingt aber immer, wie: „aus Versehen". Als dir neulich der Kakao übergekocht ist, da hast du geschrien, Mama soll schnell kommen, es ist was passiert!

Vater: War ja auch was passiert! Es passieren eben solche und solche Dinge. Es passiert, daß man sich beklekkert, und es passiert, daß ein Zug entgleist!

Junge: Macht man aber beides nicht mit Absicht?

Vater: Normalerweise nicht, nein.

Junge: Aber bei Hitler haben sie doch alles mit Absicht gemacht.

Vater: Ja. Aber doch nicht jeder einzelne Deutsche!

Junge: Jeder einzelne Deutsche schießt ja auch kein Fußball-Tor.

Vater: Nun hör endlich auf, Dinge zu vergleichen, die man nicht vergleichen kann!

Junge: Charlys Vater sagt aber, das kann man sich nicht aussuchen.

Vater: Was?

Junge: *Wann* man Deutscher sein will, und wann nicht!

Vater: Deutscher ist man immer. Aber mal wird man eben stolz auf sein Land sein, und mal . . . weniger.

Junge: Aber Charlys Vater sagt, die Deutschen picken sich immer nur die Rosinen aus dem Kuchen. Aber das geht nicht, sagt er. Man muß den Kuchen ganz essen!

Vater: Ganz schlechter Vergleich ist das, ein ganz schlechter!

Junge: Wieso denn?

Vater: Weil in einem Kuchen – auch wenn die Rosinen raus sind – nichts Schlimmes drin ist!

Junge: Das ist wahr, da hast du recht. Das werde ich Charlys Vater mal sagen.

Vater: Mach das . . .

Junge: Da wird er sich einen anderen Vergleich ausdenken . . .

Vater: Braucht er nicht, interessiert keinen!

Junge: Aber du machst das ja auch so . . .

Vater: Was mache ich?

Junge: „Wir"-Sagen. Gestern hast du gerade zu Mama gesagt: „Wir haben die besten Gesetze der Welt."

Vater: Ja, und dazu stehe ich auch!

Junge: Kannste ja. Aber dann mußt du auch sagen: wir haben bei Hitler . . .

Vater: Gar nichts muß ich sagen! Ich sage immer noch genau das, was ich will. Und in *einem* Fall werde ich mich mit meinem Land identifizieren, und im *anderen* Fall eben nicht! Ich entscheide das jeweils individuell!

Junge: Indi-viduell?

Vater: Ja! Für mich ganz persönlich. Als einzelner!

Junge: Einzelner?

Vater: Jawohl.

Junge: Aber Papa, so wie du machen es doch die meisten!

„Das Geheimnis der
Erlösung
heißt Erinnerung."

Otto Schily

Reden über das eigene Land Die deutsche Identität

1. These

Die deutsche Identität kann nur aus der Polarisierung, aus der Antithese zur Epoche des sogenannten Dritten Reiches gewonnen werden. An diesem Samstag – gestern also – erschien in der „Frankfurter Allgemeinen Zeitung" eine ganzseitige Anzeige, mit der eine Dokumentation zum Nürnberger Prozeß feilgeboten wird. In dieser Anzeige wird an prominenter Stelle das Schlußwort des Angeklagten Hermann Göring zitiert mit folgenden Worten:

„Das deutsche Volk vertraute dem Führer und es hatte bei seiner autoritären Staatsführung keinen Einfluß auf das Geschehen. Ohne Kenntnis über die schweren Verbrechen, die heute bekanntgeworden sind, hat das Volk treu, opferwillig und tapfer den ohne seinen Willen entbrannten Existenzkampf auf Leben und Tod durchgekämpft und durchgelitten. Das deutsche Volk ist frei von Schuld."

So der Freispruch des deutschen Volkes durch Hermann Göring. Einer der Nazi-Hauptverbrecher als Entlastungszeuge für das deutsche Volk? Die Schuld so einfach weggewischt und abgewälzt auf wenige Verbrecher oder womöglich einen einzigen? Die Neuauflage des Führerprinzips als willkommenes Vehikel zur Schuldüberantwortung? Was suggeriert werden soll – das ist die mehr oder weniger subtile Botschaft, die vermutlich bei manchen Deutschen bereitwillig aufgenommen wird – was suggeriert werden soll, ist geschichtsverfälschend und das Gegenteil der notwendigen Trauerarbeit, wie sie Mitscherlich genannt hat. Es war die falsche Treue, es war die falsche Opferwilligkeit, und es war der Irrglaube an einen vermeintlichen Existenzkampf, es war die Machttrunkenheit, die Staatsunterwürfigkeit, der Herrschaftswahn, der die Deutschen in das Verderben der beiden Weltkriege dieses Jahrhunderts getrieben hat. Die ungeheuren Verbrechen, die während der Naziherrschaft begangen wurden, sie gehören zur Gegenwart dieses Jahrhunderts.

Die Schreie der Ermordeten und Gefolterten werden noch nach Generationen, so weiß ich, so hoffe ich, nicht verhallen. Sechs Millionen Juden, sieben Millionen Zivilisten, über zwei Millionen Kriegsgefangene aus der Sowjetunion, über vier Millionen polnische Zivilisten und Hunderttausende aus anderen Völkern, 130.000 deutsche Widerstandskämpfer wurden unter nationalsozialistischer Herrschaft ermordet. Die Zahlen allein – das wissen wir – vermitteln nicht das unvorstellbare Ausmaß dieser Verbrechen. Die Ereignisse bedürfen der Vergegenwärtigung statt der Verdrängung. Darüber ist viel, aber dennoch zu wenig gesprochen und geschrieben worden, selbst wenn der eine oder andere bestrebt sein mag, den Antifaschismus bereits den politischen Antiquitäten zuzuordnen. Ich denke deshalb, es ist eine der Verdrängungsleistungen unserer Zeit, es ist eine Schande, daß ein Film über das KZ Majdanek nicht im Ersten, sondern nur im Dritten Programm des Fernsehens gezeigt wird. Niemand darf die Gesichter der jüdischen Kinder, ihrer Mütter und Väter, der Greisinnen und Greise, die in die Gaskammern getrieben wurden, aus unserer Erinnerung tilgen. Wer für die Deutschen eine neue Identität aus ihrer Geschichte erringen will, in dessen Gedächtnis und Gewissen muß das Schicksal der Opfer des Naziterrors lebendig und gegenwärtig bleiben. Die Zeit ist wie ein Raum. Vergangenheit und Zukunft sind nur unterschiedliche Entfernungen.

Ernst Benda hat in diesem Zusammenhang vor Jahren im Rahmen der Debatte über die Verjährung nationalsozialistischer Verbrechen mahnend das Wort eines indischen Mystikers des 18. Jahrhunderts zitiert:

„Das Vergessenwollen verlängert das Exil, und das Geheimnis der Erlösung heißt Erinnerung."

In den Naziverbrechen hat die von Nietzsche beklagte Exstirpation des deutschen Geistes zugunsten des Deutschen Reiches einen grauenvollen Höhepunkt erreicht. Ein wirklicher Neubeginn, eine Neubesinnung auf eine positive deutsche Identität ist nach dem Zusammenbruch des Dritten Reiches versäumt worden. Ein scharfer Trennungsstrich zu den staatlichen Institutionen des Dritten Reiches, die nichts anderes als Verbrechenswerkzeuge geworden waren, unterblieb. Dafür zwei Beispiele, eines eher absonderlich, aber beide als Belege für das jeweils schmähliche Versagen bundesrepublikanischer Juristen bei der Aufarbeitung der Naziverbrechen. Das eher absonderliche Beispiel verdanke ich der Monographie von Michael Kirn „Verfassungsumsturz oder Rechtskontinuität?", einer im Jahre 1972 erschienenen lesenswerten Abhandlung über den Übergang vom Dritten Reich zur Bundesrepublik unter staats- und verfassungsrechtlichen Gesichtspunkten, Kirn berichtete in seiner Schrift über ein Verfahren vor dem Bundesdisziplinarhof aus den fünfziger Jahren. Wer nicht weiß, was der Bundesdisziplinarhof ist: Das ist das höchste Gericht, das sich mit Beamtenverfehlungen zu beschäftigen hat. Früher, im sogenannten Dritten Reich, hieß diese Instanz in eingedeutschtem Deutsch Reichsdienststrafhof. Nur als Zwischenbemerkung: Die Verfahrensregeln sind in einer Bundesdisziplinar ordnung festgelegt, nach früherem Sprachgebrauch Reichsdienststrafordnung. Wie üblich, gibt es zu der Bundesdisziplinarordnung einen voluminösen Kommentar. Ein Mann namens Behnke ist der Autor des Kommentars zur Reichsdienststrafordnung. Derselbe Behnke fühlte sich auch nach 1945 wieder zum Kommentator der Bundesdisziplinarordnung berufen. Wie es dann so geht, schrieb jener Behnke in dem alten Kommentar, wer seine Kinder mit jüdischen Kindern spielen lasse, verstoße gegen seine Beamtenpflichten. Mit dem gleichen Denkgehorsam dekretierte er nach 1945, wer sich nicht jederzeit zur freiheitlich demokratischen Grundordnung freudig bekenne, verletze seine Beamtenpflichten. So funktioniert die Anpassung juristisch-technischer Untertanengehirne.

Der Bundesdisziplinarhof hatte sich nun seinerzeit mit einem Wiederaufnahmeantrag zu befassen, mit dem die Aufhebung eines Urteils des Reichsdienststrafhofes aus dem Jahre 1939 angestrebt wurde. Der Reichsdienststrafhof hatte einen Beamten mit der Entfernung aus dem Dienst unter anderem wegen folgenden „Dienstvergehens" bestraft:

„Ausführungen des Hitler-Grußes in lässiger und unvorschriftsmäßiger Art trotz mehrfacher Ermahnung des Dienststellenleiters."

Kirn, der Verfasser der erwähnten Monographie, meinte zu Recht, das spätere Urteil des Bundesdisziplinarhofes in dieser Sache sei ein Musterbeispiel für das ungebrochene Kontinuitätsdenken der Nachkriegszeit. Dieses Kontinuitätsdenken, wonach auch zwischen 1933 und 1945 der Rechtsstaat lebendig blieb, wenn auch nur im Geheimen und unter mannigfachen Tarnungen, führte den Bundesdisziplinarhof zu folgender verblüffender Entdeckung: daß auch jene Erektion des rechten Armes, die inzwischen bei uns unter Strafe gestellt worden ist, in einen nationalsozialistischen und in einen rechtsstaatlichen Teil zerfiel, so daß an ihre lasche Ausführung auch noch 1955 eine Disziplinarstrafe geknüpft werden konnte, wenn nämlich keine antinazistische, sondern eine dienstfeindliche Absicht dahinterstand. Deshalb wurde der Freispruch von dem Vorwurf eines Dienstvergehens vom Disziplinarhof mit folgender Begründung verweigert:

Soweit es sich bei der laschen Ausführung des Hitler-Grußes um die Verletzung einer Pflicht handele, „die ihm zur Festigung und Sicherung des nationalsozialistischen Regimes auferlegt worden war", komme die Bestrafung als politisch motiviert in Wegfall. Jedoch habe der Reichsdienststrafhof das Dienstvergehen auch darin gesehen, daß der Verurteilte damit seinem Dienststellenleiter Nichtachtung habe zeigen wollen; insoweit sei eine politische Motivierung nicht gegeben. Der Bundesdisziplinarhof fährt dann wörtlich fort:

„Zu den selbstverständlichen Pflichten eines Beamten gehört es, seinem Dienstvorgesetzten mit Achtung zu begegnen. Die Bezeugung der Nichtachtung durch absichtlich nachlässiges Grüßen ist unter jeder Staatsform auch nach rechtsstaatlichen Gesichtspunkten ein Dienstvergehen, das eine Ahndung erfordert. Hierfür ist es ohne Bedeutung, daß die damals vorgeschriebene Form des Grußes die des Hitler-Grußes war. Wenn schon der Verurteilte diesen Gruß überhaupt anwandte, so durfte er ihn keinesfalls seinem Dienstvorgesetzten gegenüber aus Gründen der Nichtachtung besonders nachlässig anwenden."

Das ist gewiß eine Meisterleistung des trostlos banalen deutschen Juristenverstandes. Dieser trostlos banale Juristenverstand hat aber viel schlimmere Ausdrucksformen gefunden, wie durch das zweite Beispiel – ich könnte sie wahrlich um viele vermehren – zu illustrieren ist: In einem Urteil des Bundesgerichtshofes, also eines der höchsten Gerichte unserer Republik, war zu lesen, daß die Richter des Volksgerichtshofes – ich zitiere wörtlich aus dem Urteil des Bundesgerichtshofes – „nach dem damals geltenden Recht unabhängig, gleichberechtigt, nur dem Gesetz unterworfen und ihrem Gewissen verantwortlich" waren. Wer will sich bei solcher Tatsachenblindheit noch wundern, daß nicht einer der

Mörder in Richter-Robe nach 1945 zur Verantwortung gezogen wurde? Nur ein einziges Verfahren kam in Gang, gegen den Richter Rehse, einen Beisitzer am Volksgerichtshof, der jedoch freigesprochen wurde. Das Urteil wurde nicht rechtskräftig, es wurde später aufgehoben. Vor Abschluß des Verfahrens ist Rehse verstorben.

Jenes freisprechende Urteil empfehle ich jedem Jurastudenten zur eingehenden Lektüre, weil es ein Lehrstück ist, wie weit Juristerei verkommen kann.

Rehse hatte an mehr als zweihundert Todesurteilen mitgewirkt. Ein Todesurteil führte zur Hinrichtung eines katholischen Geistlichen, der in der Una-Sancta-Bewegung aktiv war. Das Berliner Schwurgericht, das die Sache gegen Rehse verhandelte, ging so vor, daß es die Todesurteile einer gerichtlichen Nachprüfung unterzog. Es war ja eine Anklage wegen Rechtsbeugung. Infolgedessen haben Schwurgerichtsmitglieder eigentlich das Verfahren gegen den katholischen Geistlichen wiederholt, sie haben sich sozusagen projiziert in das Bewußtsein der Richter, ihrer Kollegen beim Volksgerichtshof, und haben in gewissem Sinne die Todesurteile noch einmal gesprochen. Die Projektion gelang so vollkommen, daß das Schwurgericht nicht einmal mehr festzustellen vermochte, ob ein katholischer Geistlicher, der gegen das Nazi-Terrorregime mit Flugblättern Widerstand leistete, sich auf einen übergesetzlichen Notstand berufen konnte. Aus der Nachkriegsgeschichte wissen wir, wie behende Juristen illegales staatliches Handeln mit einem vermeintlichen übergesetzlichen Notstand zu rechtfertigen wußten. Dieselben Juristen brachten es nicht über sich, den Rechtfertigungsgrund des übergesetzlichen Notstandes für „illegalen" Widerstand gegen Naziterror anzuerkennen.

Politik und juristische Dogmatik haben sich ganz allgemein nicht von jener Kontinuitätsfixierung befreien können. Die deutsche Identität wurde im Einheitsstaat gesucht, in der staatlichen Kontinuität. Dieses Bewußtsein fand und findet seine Ausprägung bis hin zu den Stilformen unseres Staatswesens. Es ist keine deutliche Abkehr von der Vergangenheit zu verzeichnen, eher das Gegenteil, restaurative Tendenzen haben die Oberhand gewonnen. Sie werden es mir nachsehen, wenn wir die Bilder der Nazi-Verfolgung vor Augen haben: einen Soldaten, der auf eine junge Frau schießt, die ihr Baby auf dem Arm hält, die nackten verängstigten Frauen, die durch das Spalier lachender Uniformierter zur Exekutionsstätte laufen mußten.

Sie werden es mir nachsehen, ich empfinde es als unerträglich im Rückblick auf die Vergangenheit, die auch unsere Gegenwart ist, daß wir immer noch nicht auf die Requisiten der Macht, die Insignien der Herrschaft, auf all die Kulissen und Kostüme, die Macht repräsentieren und signalisieren, verzichten wollen, daß wir nicht verzichten wollen auf militärisches Gepränge bei Staatsempfängen, auf den Kanonendonner, auf Paraden, Ehrenkompanien und solchen Firlefanz. Die deutschen Deutschen sind sich übrigens in beiden deutschen Staaten darin überaus ähnlich. Die Deutsche Demokratische Republik hat es zu einem besonders eindrucksvollen Kontrast gebracht, der mir kürzlich bei den Feiern zum 35. Jahrestag auffiel: sie läßt zu Ehren der Opfer des Militarismus eine Militärformation mit preußischem Exerzierschritt und klingendem Spiel aufziehen.

Ist das eine Ehrung der Opfer des Militarismus?

Es gehört zu den verhängnisvollen Konsequenzen des beschriebenen Staatskontinuitätsdenkens, daß es zugleich eine sehr weit gefächerte tatsächliche Kontinuität der Herrschaftsstrukturen in Staat und Wirtschaft vom Dritten Reich in die Bundesrepublik gab und gibt. Das hat eine Imprägnierung der Gesellschaft, eine Vergiftung der jungen bundesrepublikanischen Demokratie bewirkt, die die klare Ausformung einer neuen Identität in Anknüpfung an den antifaschistischen Widerstand verhindert haben.

Andere werden vielleicht sagen, das Kontinuitätsdenken sei nur die ideologische Begleiterscheinung oder Verkleidung der gesellschaftlichen materiellen Kontinuität der Herrschaftsarchitektur.

Jedenfalls ist die Kontinuität eines großen Teils des Herrschaftsapparates eine Realität der Nachkriegsgeschichte. Einem Ausläufer dieser Kontinuität begegnen wir auch im Zusammenhang mit jener Affäre, von der ich heute, wie ich eingangs versprochen habe, nicht ausführlich reden will. Es hat bemerkenswerterweise wenig Aufsehen erregt, daß ein Mann namens Otto Ambros, der früher eine führende Stellung bei den IG Farben einnahm, der die Finanzmittel für das Vernichtunglager Auschwitz beschaffte, der sich seiner Freundschaft zur SS rühmte, daß jener Otto Ambros neben vielen Aufsichtsratsposten im Wirtschaftswunderland Bundesrepublik auch als einer der Drahtzieher jener finanziellen Transaktion des Hauses Flick figurierte, die heute Schlagzeilen in der Presse produziert. Das ist eine historische Kontinuität, die uns schaudern machen sollte.

Ich sagte, die Toten, dessen seien wir gewiß, sind unter uns, sind in uns. Sie stellen Fragen, sie fragen nach unserer Verantwortung. Was erwidern wir auf die Frage des kleinen jüdischen Jungen mit dem ernsten Gesicht auf dem Wege in die Gaskammer, wenn wir der heutigen Verhältnisse innewerden?

2. These

Die Wiedergewinnung oder Neugewinnung einer deutschen Identität setzt voraus, daß die Deutschen sich vom nationalen Einheitsstaat verabschieden, den Nationalstaatsgedanken überwinden.

Das berühmte Schiller-Wort, es hat sich bewahrheitet: „Zur Nation Euch zu bilden, Ihr hofft es, Deutsche, vergebens. Bildet, Ihr könnt es, dafür reiner zum Menschen Euch aus!" Es war ein Irrweg, der die Deutschen ihr Selbstverständnis, ihre Identität in einem nationalen Einheitsstaat, mit großer militärischer Macht ausgestattet, suchen ließ, zumal dieser Einheitsstaat, diese Deutschen Reiche, bekanntlich dem deutschen Chauvinismus, dem deutschen Vorherrschaftsstreben und dem Waffenwahn einen gewaltigen Auftrieb verliehen haben. Eine Idee, eine soziale Idee, eine völkerverständigende und völkerverbindende Aufgabe eignete diesen deutschen Reichen nicht. Die verbrecherische Übersteigerung des deutschen Machtanspruchs im Dritten Reich und dessen Selbstzerstörung haben für unabsehbare Zeit zu einer Zweistaatlichkeit des deutschen Volkes geführt. Diesen Sachverhalt haben sich die Deutschen über Jahre hinweg durch Illusionen vernebelt. Die Chimäre des Deutschen Reiches, das vermeintlich heute noch fortbesteht, treibt nach wie vor ihr Unwesen in den Köpfen bundesrepublikanischer Politiker und Verfassungsjuristen. Auch das Bundesverfassungsgericht hat sich von der krampfhaften Fiktion, daß das Deutsche Reich fortexistiere, nach wie vor Rechtsfähigkeit besitze, allerdings als Gesamtstaat mangels Organisation, insbesondere mangels institutionalisierter Organe selbst nicht handlungsfähig sei, nicht befreien können, worüber das Urteil des Bundesverfassungsgerichtes vom 31. Juli 1973 zum Grundlagenvertrag zwischen den beiden deutschen Staaten Auskunft gibt. Das Bundesverfassungsgericht proklamiert entsprechend seiner Rechtsauffassung, die es durch die Präambel des Grundgesetzes bestätigt findet, ein Wiedervereinigungsgebot, das alle Verfassungsorgane der Bundesrepublik verpflichte, die Wiederherstellung der staatlichen Einheit als politisches Ziel nicht aufzugeben, sondern in ihrer Politik auf die Erreichung dieses Zieles hinzuwirken. Alle Verfassungsorgane, so das Bundesverfas-

sungsgericht, seien gehalten, den Wiedervereinigungsanspruch im Innern wachzuhalten und nach außen beharrlich zu vertreten sowie alles zu unterlassen, was die Wiedervereinigung vereiteln würde. Wenn von einer „Deutschen Nation", so heißt es in dem zitierten Urteil des Bundesverfassungsgerichts, nur noch im Sinne einer im Bewußtsein der Bevölkerung vorhandenen Sprach- und Kultureinheit gesprochen werde, könne dies als Aufgabe einer unverzichtbaren Rechtsposition nicht gebilligt werden.
Kurioserweise treibt sich das Gespenst des Deutschen Reiches nicht nur auf irgendwelchen juristischen Dachböden in Karlsruhe herum, sondern es hatte kürzlich unversehens einen Auftritt vor dem Court of Appeals in London Anfang November dieses Jahres. Dort versuchen Westberliner Bürger durchzusetzen, daß eine Anordnung des britischen Militärkommandanten in West-Berlin gerichtlich überprüft werden kann. Sie werden vermutlich in den Zeitungen darüber gelesen haben, wie schwierig die Rechtslage in Berlin ist. In West-Berlin gilt zwar, mindestens mittelbar, Art. 19 des Grundgesetzes, der die sogenannte Rechtsweggarantie zum Inhalt hat, d. h., daß jeder Bürger, der sich durch Maßnahmen der Exekutive in seinen Rechten verletzt sieht, dafür auch gerichtliche Hilfe in Anspruch nehmen kann. In Berlin ist das jedoch insofern etwas anders, weil die Besatzungsbehörden Entscheidungen an sich ziehen oder schlicht untersagen können. In dem konkreten Fall ging es um die von allen Parteien, also auch der CDU, abgelehnte Errichtung eines Schießplatzes in Berlin-Gatow. Ob und wie dagegen gerichtlich vorgegangen werden kann, wird derzeit vor dem Londoner Court of Appeals ausgetragen. In diesem Verfahren präsentierte der britische Stadtkommandant unlängst folgende nahezu sensationelle Erklärung: Der britische Stadtkommandant sei zusammen mit seinen französischen und amerikanischen Kollegen die Regierung Berlins und deshalb ein Organ Deutschlands. Auch der britische Außenminister Sir

Geoffrey Howe bestätigte in einer Erklärung vom 17. September 1984, daß die drei Stadtkommandanten die Regierung von Deutschland seien.

Das Bundesverfassungsgericht könnte demnach seine Auffassung revidieren, wenn es Sir Geoffrey Howe folgt. Denn dann ist das Gespenst des Deutschen Reiches keineswegs ein handlungsunfähiges Relikt, das auf das Wunder seiner Auferstehung wartet, sondern in den Personen der drei alliierten Stadtkommandanten noch immer bei Kräften und, wie könnte es anders sein, traditionsbewußt mit dem Ausbau eines Schießplatzes freudig beschäftigt.

Verlassen wir die juristischen Maskeraden, Juristen sind nicht selten begabte Maskenbildner, die die Wirklichkeit verdecken. Nun zur

3. These

Die Deutschen sollten ihre Identität in einem freien Geistesleben, in der friedenstiftenden Universalität des Geistes und der Kultur suchen. Sie sollten eine Mittlerfunktion wahrnehmen, anstatt sich als Exponenten des einen oder anderen Machtblocks zu verdingen. „Wenn der deutsche Geist", so schrieb kurz vor dem Deutsch-Französischen Krieg am 3. Juli 1870 der Schweizer Historiker Jacob Burckhardt in einem Brief, „noch einmal aus seinen innersten und eigensten Kräften gegen diese große Vergewaltigung (er meinte die Geldüberschätzung, die Überschätzung des Wirtschaftlichen) reagiert, wenn er ihr eine neue Kunst, Poesie und Religion entgegenzustellen imstande ist, dann sind wir gerettet, wo nicht, nicht."

So sprach ein bedeutender Historiker zum Ausgang des vorigen Jahrhunderts. Die Geschichte nahm einen anderen Verlauf. Die Deutschen ließen sich blenden von den Verlockungen der Macht, des Überreichtums und des Militärdünkels.

Ist es nicht des Nachdenkens wert, ob nicht die deutsche Geschichte einen anderen Weg genommen hätte, wenn sich Jacob Burckhardt hätte Gehör verschaffen können?

Wenn ich von einer deutschen Identität spreche, dann nicht im Sinne eines deutschen oder deutsch-deutschen Sonderweges, sondern im Rahmen der vielfältigen, historisch gewachsenen kulturellen Verbindungen zwischen den mitteleuropäischen Völkern. Es muß dort ein Neuanfang gefunden werden, im Bewußtsein der Wirklichkeit und Wirksamkeit des Geistigen im Menschen.

Ich gehöre gewiß nicht zu denen, die wirtschaftlichen Wiederaufbau, wirtschaftliches Gedeihen verächtlich machen. Dazu habe ich viel zu konkret und am eigenen Leibe erfahren, was Hunger und Elend heißt. Die eigene Erfahrung ist ein sehr guter Lehrmeister. Ich streite mit Jüngeren mitunter darüber, denen wirtschaftliches Wohlergehen allzu selbstverständlich geworden ist. Der wirtschaftliche Wiederaufbau ist ohne Zweifel eine große und Anerkennung heischende Leistung. Gleichwohl, wir haben gewissermaßen den westlichen Industrialismus auf den Altar erhoben. Wir haben uns überschwemmen lassen von satter Selbstzufriedenheit, die innere und äußere Katastrophe mit dem Wohlstandsflitterkram überbrückt und überdeckt. Gab es angesichts des Vakuums, das nach dem Zweiten Weltkrieg entstanden war, keinen anderen Ausweg? Die radikale Neubesinnung, die nach 1945 notwendig war, wurde leider von der Restauration verschüttet. Es ist an der Zeit, jene Radikalität des Neuanfangs zurückzugewinnen, das Vermächtnis von Auschwitz wahrzunehmen.

Das Vermächtnis von Auschwitz heißt auch, den ins Technische übersetzten Massenvernichtungsplänen zu entsagen. Denken wir daran, daß die Megatonnen-Vernichtungskapazität der Nuklearарsenale ein latentes hundertfaches Auschwitz ist. Die Deutschen sind im Blick auf ihre Vergangenheit aufgerufen, sich als erste dem Wettlauf des Rüstungswahnsinns entgegenzustellen.

Lassen Sie uns einen Moment an diesem Punkt innehalten. Ich glaube, es ist die gleiche Mechanik des Verdrängens, die gerichtet auf die Vergangenheit am Werke ist, wie auch auf die Zukunft. Es übersteigt das menschliche Vorstellungsvermögen, sich das Grauen der Vernichtungsmaschinerie des Dritten Reiches konkret ins Bewußtsein zu bringen.

Ebenso übersteigt das Grauen eines atomaren Infernos unser aller Vorstellungsvermögen. Es ist nur noch gedanklich-abstrakt erfaßbar, das muß man sich klarmachen. Viele von uns – ich schließe mich nicht aus – schieben das Vorhandensein dieser latenten apokalytischen Bedrohung von sich weg, weil der Gedanke unerträglich zu sein scheint. Aber wir müssen uns bewußt sein, ohne daß wir in Panik oder eine Weltuntergangsstimmung verfallen, daß tatsächlich das reale Böse in den Massenvernichtungsmitteln steckt.

Ich sagte, die Deutschen sind im Blick auf ihre Vergangenheit aufgerufen, sich als erste dem Wettlauf des Rüstungswahnsinns entgegenzustellen. Sie sind es auch deshalb, weil sie wissen oder mindestens wissen müßten, wie unmenschlich Passivität angesichts des Leidens von Mitmenschen ist. Die Deutschen sollten deshalb den Mut und den Realitätssinn aufbringen, voranzugehen mit der Umwidmung von Rüstungsgeldern für Hilfeleistungen an die hungernde Dritte Welt. Denn die Vergeudung von Milliardenbeträgen zwecks Aufhäufung von immer größeren und perfekteren Massenmordmaschinerien ist ja nicht nur ein mögliches Verbrechen der Zukunft, es ist ein Verbrechen der Gegenwart, weil die Gelder verlorengehen, die für die Hungernden in der Dritten Welt bitter nötig wären.

Die Friedensbewegung ist ein Hoffnungszeichen für eine neue deutsche Identität, die zugleich, und das ist das Wesentliche, eine europäische, eine menschheitliche ist. Sie wird daran arbeiten müssen, nicht in Friedensappellen steckenzubleiben, sondern konkrete Schritte vorauszudenken. In diesem Sinne habe ich vor einigen Wochen auf einer Tagung der Evangelischen Akademie in Loccum den Plan einer mitteleuropäischen Friedensunion vorgetragen, mit dem ich Sie zum Schluß bekanntmachen will und um dessen Unterstützung ich Sie bitte.

Dieser Plan sieht vor:

Die mitteleuropäischen Staaten, ich meine damit Österreich, die Bundesrepublik, die DDR, die Tschechoslowakei, Ungarn, Polen, die Niederlande, Belgien und Dänemark, sollten sich unter vorläufiger Beibehaltung ihrer Mitgliedschaft in den beiden Militärpaktsystemen und ihrer bilateralen oder multilateralen vertraglichen Bindungen sowie unter voller Respektierung ihrer staatlichen Souveränität – das gilt vor allem im Verhältnis zwischen den beiden deutschen Staaten – zu einer mitteleuropäischen Friedensunion zusammenschließen, die sich auf folgende vertragliche Vereinbarungen verständigt:

1) Von dem Gebiet der Staaten der mitteleuropäischen Friedensunion werden sämtliche ABC-Waffen abgezogen, die mitteleuropäische Friedensunion erklärt sich zur ABC-waffenfreien Zone.

2) Die Staaten der mitteleuropäischen Friedensunion verringern ihre konventionellen Streitkräfte sowie ihre Militärausgaben um mindestens zehn Prozent und nehmen Verhandlungen über den weiteren Abbau von Streitkräften und militärischer Ausrüstung sowie über die kontinuierliche Reduzierung der Rüstungshaushalte bis zur vollständigen Entmilitarisierung auf.

3) Die Staaten der mitteleuropäischen Friedensunion lassen gegenseitige Militärinspektionen zu.

4) Die Staaten der mitteleuropäischen Friedensunion intensivieren unbeschadet ihrer wirtschaftlichen und politischen Verbindungen nach Ost und West die kulturelle, wirtschaftliche und politische Zusammenarbeit innerhalb ihres Gebietes. Hierzu werden entsprechende gemeinsame Kommissionen gebildet.

5) Die Staaten der mitteleuropäischen Friedensunion verpflichten sich zu ständigen Konsultationen in Sicherheitsfragen in einem turnusmäßig einzuberufenden Ministerrat.

6) Die Staaten der mitteleuropäischen Friedensunion verzichten auf jeglichen Waffenexport, insbesondere in Länder der Dritten Welt.

7) Die Staaten der mitteleuropäischen Friedensunion richten einen gemeinsamen Fonds ein, in dem die durch die Verringerung der Militärausgaben freigewordenen Gelder eingezahlt werden. Der Fonds dient gemeinsamen Hilfsprojekten für die Dritte Welt.

8) Die Staaten der mitteleuropäischen Friedensunion schaffen Reiseerleichterungen im grenzüberschreitenden Verkehr bis hin zur Herstellung der vollen Freizügigkeit.

Viele von Ihnen, davon muß ich ausgehen, werden einem solchen Vorschlag skeptisch begegnen, ihn als utopisch abtun, weil er den Denkgewohnheiten nicht entspricht. Ich denke indessen, daß es ein sehr realistischer Vorschlag ist, der die positiven Traditionen einer föderativen Politik in Mitteleuropa wiederaufnimmt, der Sicherheit für die Menschen nicht erreichen will durch den negativen Einfluß auf fremden Willen mittels Abschreckung, sondern durch den positiven Friedensweg der Anfreundung und des Vorbilds – ich sollte vielleicht hinzufügen der Aussöhnung. Die Hoffnung ist inbegriffen, daß sich genügend Menschen in West und Ost zusammentun werden, die das Vertrauen und den Mut haben, die Friedensbereitschaft über die Grenzen staatlicher und gesellschaftlicher Systeme hinweg in die Tat umzusetzen.

Ich darf Ihnen versichern, bei meinen Besuchen in verschiedenen mitteleuropäischen Staaten habe ich ermutigende Anzeichen für diese Friedensbereitschaft in Ost und West gefunden, so daß Anlaß zur Zuversicht besteht und sich die kleine rosa Friedenstaube, die ich heute in der Garderobe dieses Theaters über dem Spiegel entdeckte, vielleicht als schönes Symbol der Hoffnung erweisen wird.

In der Kulturgeschichte der Deutschen hat der Mythos des Erzengels Michael eine bedeutsame Rolle gespielt. Michael, der den Drachen besiegt, gilt als der Friedensbringer. Lassen Sie mich deshalb schließen mit einem Wort von Angelus Silesius: „Wenn Du aus Dir verjagst all Unruh und Getümmel, so wirft St. Michael den Drachen aus dem Himmel.”

Inhaltsverzeichnis

Quellenverzeichnis

Franz Alt
Die Tränen der Stille
aus: „Liebe ist möglich", Serie Pieper
Mit Genehmigung des Autors

Kurt Biedenkopf
Eigener Beitrag zu „Es ist nie ganz still"

Ernst Breit
Eigener Beitrag zu „Es ist nie ganz still"

Björn Engholm
Mehr Fernsehprogramme: Wirkungen auf Kinder
aus: „Ein Schritt zurück nach vorn", Reiling Verlag GmbH

Frederike Frei
Kinderlos
Ich möchte auch in den bunten Städten geboren sein
aus: „Vom Lieben geschrieben", Eichborn Verlag,
Mit Genehmigung der Autorin

Kahlil Gibran †
Vom Kaufen und Verkaufen
Von der Freundschaft
aus: „Der Prophet" ©, Walter-Verlag AG, CH-Olten

Ursula Haucke
Papa, Charly hat gesagt (WDR Folge 364)
Mit Genehmigung der Autorin

Manon Hoffmeister/Dietrich Niethammer
Die Welt der Onkologie aus der Sicht des Kinderarztes und des Psychologen
aus: O. H. Brown, „Seelsorge am kranken Kind"
© Kreuz Verlag, Stuttgart
Mit Genehmigung der Autoren und des Verlages

Friedensreich Hundertwasser
Das Haus ist nicht mit normalen Maßstäben zu messen
aus: HUNDERTWASSER DAS HAUS
© Österreichischer Bundesverlag
Mit Genehmigung des Autors

Marie Luise Kaschnitz
Das letzte Buch
aus: „Steht noch dahin", Suhrkamp Taschenbuch
© Insel Verlag

Petra Kelly
Der „Kinderplanet"
Mit Genehmigung der Autorin

Aus der Rede Otto Schilys,
gehalten auf dem „Münchener Podium in den Kammerspielen 1984",
abgedruckt in: „Reden über das eigene Land: Deutschland 2"

Mit Genehmigung des Autors und des Verlages

Josef Schumacher †
Gruß zur Nacht
aus: „Komm Sturm – Kleine Gedichte von Josef Schumacher"
Verbrannt sind meine Brüder
Rom

Carmen Thomas
Bora utu kuliko kitu
Mit Genehmigung der Autorin

Bundespräsident Richard von Weizsäcker
Beitrag der Christen zu Frieden und Gerechtigkeit
Rede zum 89. Deutschen Katholikentag in Aachen 12. 10. 1986

Carl Friedrich von Weizsäcker
O bricht denn niemals der Dämonen Kraft?
aus: „Der Garten des Menschlichen", © Carl Hanser Verlag
Mit Genehmigung des Autors

Gewerkschaft Erziehung und Wissenschaft im DGB:

„Eher philanthropisch als im strengen Sinn politisch, aber sehr engagiert ist das Programm des Reiling-Verlages: Anthologien wie ‚Hoffnung hab' ich sowieso' und ‚Ein Schritt zurück nach vorn', in denen neue und bekannte Texte, Berichte, Gedichte, aber auch Reden wie z. B. diejenige des Bundespräsidenten zum 8. Mai, dem 40. Jahrestag des Kriegsendes, zusammengetragen wurden. Lesebücher zur Sehnsucht nach Freundschaft, Liebe, Frieden, ‚Mitmenschlichkeit'. Eine Fundgrube an Texten für den Deutsch-, Sozial- und Gemeinschaftskundeunterricht."

Bücher, die man immer wieder gern liest

Ernst Reiling

Ein Schritt zurück nach vorn

Stimmen:

Dr. Franz Alt:	„Ein Geheimtip"
„Die Zeit":	„lesenswert"
Weltbild:	„ein Buch, das man mit viel Gewinn liest"
„Eltern":	„Themen, die alle Eltern angehen"
F. Nowottny:	„ein Buch, das ich gerne lese"

ISBN: 3-924005-001 18,00 DM

Ernst Reiling

Hoffnung hab' ich sowieso

Stimmen:

Inge Jens: „ein sympathisches Buch"

Das Buch enthält u. a. die Reden des Bundespräsidenten von Weizsäcker zum 8. Mai, dem 40. Jahrestag des Kriegsendes, und zum 21. Deutschen Evangelischen Kirchentag.

ISBN: 3-924005-02-8 19,80 DM

Anneli Hartmann / Ernst Reiling

Kein Sturz Kein Fall

Lyrikwettbewerb deutschsprachiger Studenten

Stimmen:

„Die Zeit":	„eine wichtige Neuerscheinung"
„Der Stern":	„anspielungsreiche Gedichte, mit Gespür für Sprachmelodie"
WDR:	„ein hochinteressantes Werk"

ISBN: 3-924005-03-6 19,80 DM